JN409492

물미장

류현서 수필집

물미장

인쇄 2018년 11월 10일
발행 2018년 11월 15일

지은이 류현서
발행인 서정환
펴낸곳 수필과비평사
주소 서울시 종로구 삼일대로 32길 36(익선동 30-6 운현신화타워 빌딩) 305호
전화 (02) 3675-3885 (063) 275-4000 · 0484
팩스 (063) 274-3131
이메일 shina2347@naver.com essay321@hanmail.net
출판등록 제300-2013-133호
인쇄 · 제본 신아출판사

ISBN 979-11-5933-186-2 03810

값 15,000원

이 도서의 국립중앙도서관 출판시도서목록(CIP)은 서지정보유통지원시스템 홈페이지(http://seoji.nl.go.kr)와 국가자료공동목록시스템(http://www.nl.go.kr/kolisnet)에서 이용하실 수 있습니다.(CIP제어번호: CIP2018035815)

Printed in KOREA

※ 이 책은 울산시 문화예술인 창착장려금을 지원 받아 발간 되었습니다.

물미장

류현서 수필집

수필과비평사

■ 작가의 말

늦게 문학에 눈을 떴다. 어느새 강산이 한 번 바뀌어 간다. 누가 쓰라고 강요하지도 않았지만, 나 스스로 수필과 연예를 한 셈이다. 늦게 만나서 그런지, 내 생활에서 수필을 떼놓는다면 무의미한 일상일 터이다.

사람이 동물과 다른 점은 자기 생각을 글로, 그림으로 그려볼 수 있다는 점이다. 한여름의 부레옥잠처럼 떠다니는 생각들을 주워 모아 좀 더 사색하고 사유를 부여해서 웅숭깊은 글을 쓰고 싶었으나 욕심대로 되지 않았다.

예전에 친정 할머니께서 가끔 비손을 하셨다. 조왕에나 성주께 빌 때마다 우리 남매 이름을 들먹이면서, 명은 삼천 갑자 동방삭이의 명을 이어받고, 구변은 소진장의 언변을 닮으며, 문장은 이태백의 문장을 능가하라고 빌었었다.

하찮고 서툰 문장이나마 문단에 이름을 올리게 된 것은 자애하신 할머니의 바람일 터이다. 아버지를 떠나보내고 아버지의 삶과 작년에 어머니를 보내고 어머니의 고단했던 삶을 회고하여 지면에 이름을 새겼다. 이 모두가 조상의 음덕이다. 이 책을 조부모님과 부모님의 산소에 엎드려 바치고 싶다.

첫 수필집을 잉태할 때엔 어설펐지만 마음이 설렜다. 두 번째 수필집을 내려니 심적 부담이 크다. 나름의 노력은 아끼지 않았으나 매끄럽지 못한 부분이 없지 않다. 그러나 글을 쓰는 시간만큼은 과거와 현재로 넘나들면서 슬펐다가 기뻤다가 그러나 행복했다. 앞으로 행복한 시간을 더 길게 갖고 싶다.

2018년 하늘 높은 계절에

류 현 서

차례

2부

물미장

3부

박다위와 조이개

4부

아직은 꽃이다

5부

돌아갈 수는 없어도 돌아볼 수는 있다

1부

오덕을 품다

회탕지 回宕枝

숲이 어우러진 길이다. 시월의 속리산은 폭폭이 수를 놓은 병풍을 활짝 펼쳐 놓은 듯하다. 시야에 들어오는 능선마다 농익은 여인의 정열처럼 후끈하다. 느긋하게 뻗은 산줄기에서 많은 동식물의 희로애락이 잠재되었을 것 같다. 큰 사찰을 안은 골짜기가 어버이 품같이 푸근함이 묻어 있다.

역사와 문화가 함께 깃든 속리산 법주사. 일주문을 향해 걷는 발걸음은 한 걸음씩 옮겨놓을 때마다 마음을 차분하게 만든다. 그리고 생각에 잠기게 한다. 언제부터 누가 무엇을 이루기 위해 이 길을 걸었던가. 무엇을 얻으려고 이 절집을 찾았던가. 하나 둘 발자국이 포개져 지문처럼 남았을 고즈넉한 산사의 숲길, 워낭을 목에 단 소처럼 눈만 껌벅거리며 걷다가 한 그루 나무에 시선이 꽂혔다.

하늘을 향해 비스듬히 선 소나무가 기이하다. 한 종류의 나무가 여러 뿌리로 함께 붙은 연리목도 아니고, 가지와 가지가 한데 붙은 연리지도 아니다. 적송인데 가지 하나가 밖으로 뛰쳐나가, 얼마 동안 외로 떨어졌다가 다시 본체로 돌아왔다. 뻗어가다 활처럼 휘어져 방향을 틀었다. 본연의 자리로 돌아온 가지의 흔적은 타원형을 큼직하게 그려 두고 있다. 많고 많은 나무 중에 이런 형상을 한 나무는 난생처음 본다.

내 눈은 마치 사람 소리에 놀란 돌담 구멍의 생쥐 눈 뜨듯이 하고 나무를 주시했다. 고개를 젖혀 쳐다보는 나를 향해 나무는 가지를 슬렁슬렁 흔들어 마른 솔잎을 떨어뜨린다. 뭐 그리 놀라 쳐다보느냐는 표정이다.

나무가 있는 자리가 예사로운 곳이 아니다. 법주사 일주문을 바라보는 위치다. 필히 무슨 남모르는 고민이 있어 이 자리에서 있는가. 새벽마다 사찰에서 울려 나오는 법고 소리를 듣고 소원을 빌어야 했기 때문인가. 뛰쳐나간 가지를 돌아오게 해달라고 나무는 수년 동안 부처님을 향해 수억만 배를 올렸는지도 모를 일이다. 아니면 뛰쳐나간 가지가 스님이 펴시는 법문을 듣고 마음을 돌린 것인지……. 나무도 불경을 가까이하면 원을 이룰 수 있는 모양이다.

특이한 나무의 모습에서 인간 세간의 삶을 읽는다. 우리 인간세계는 여러 관계로 맺어져 있으나, 무엇보다 부모와 자식 간의 관계가 제일 질기다. 그보다 더 질기고 더 뜨겁고 더 관대해지는 관계는 없을 것이다. 그것은 잘 드는 칼로도 베지 못하며, 단단한 노끈으로도 묶을 수 없다. 베어버려도 베어지지 않으며 질긴 끈으로 묶어서 잘라 버린다 해도 잘리지 않는다. 끈끈한 혈로 이어졌기 때문에 떨쳐버리고 싶어도 떨쳐버릴 수가 없는 게 부모 자식 사이일 터이다.

아마 나무도 우리의 삶과 다를 게 없는 것 같다. 자연이 경이로운 것인지, 아니면 나무가 신비로운 것인지 알쏭달쏭하다. 인간에게나 식물에나 삶은 좋다가도 어지럽고, 어지럽다가도 좋아지기도 하는가 보다. 식물도 인간 세상처럼 행 · 불행이 양념처럼 스며드는 것인지도 모른다.

더위와 추위를 담담히 이겨내야 하는 나무들. 비바람에 부러지기도 하고, 때론 몸피가 쩍 갈라져 생살이 찢어지는 아픔도 스스로 감내하며 생존하는 나무들.

사람도 겉으로는 아무 근심이 없어 보여도 내면에는 애로와 아픔이 있을 수 있다. 나무들도 외견상으로는 엇비슷한 모습으로 보이나, 내면에는 각기 다른 세계가 있는지도 알 수 없다.

나도 나이가 한 해 두 해 더해 갈수록 세상을 바라보는 눈이 조금 더 슬퍼지려 한다고 할까. 아니면 조금 더 진중해졌다고 해야 맞을지. 아무튼, 사물을 바라보는 관점이 조금씩 변하고 있다는 것은 부인할 수 없다. 겁날 것 없던 시절엔 그냥 지나칠 일이라도 이제는 주의 깊게 새겨보게 된다.

기이한 나무를 보면서 나는 '회탕지回宕枝'라고 이름 붙여준다. 생명이 있는 것엔 '모든 게 정이다.'라고 어설피 말하고도 싶다. 정을 거역하면 마음이 편치 않고, 정을 따르면 순리를 알게 되는 게 아닐까. 겨울 강이 가슴으로 길을 내주는 것같이 이 나무도 가슴앓이를 하면서 가지를 품은 것이리라.

성서의 이야기가 떠오른다. 아들을 둘 둔 아버지가 있었다. 그중 둘째 아들이 자기 몫의 재산을 자꾸만 달라고 하였다. 아버지는 할 수 없이 그의 몫만큼 재산을 주었다. 재산을 받아든 아들은 객지를 떠돌면서 재산을 탕진하고 노숙자가 되었다. 배고픔과 추위를 견디지 못한 아들은 아버지를 찾지 않을 수 없었다. 거지꼴이 되어 돌아온 아들을 아버지는 두 팔 벌려 안는다. 돌아와서 기쁘다며 주위 분들을 불러놓고 축하 잔치까지 열어 주었다는 이야기다.

우리 인간사회에는 갖가지 사연들이 많다. 곳곳마다 구구한 사건들이 다양하다. 초등학교 때 우리 옆집에서 생긴 일이다. 어느 날 자고 일어나니 그 집 외양간에 있던 큰 황소가 감쪽같이 없어졌다. 간밤에 소를 도둑맞았다고 동네가 떠들썩하도록 소란을 피웠다. 동네 사람들이 짝을 지어 이 마을 저 마을을 돌며 소를 찾아 주려 애를 썼으나 헛수고만 했다. 요즘같이 마을 입구나 도로마다 감시카메라도 없던 때였으니 도둑맞은 물건을 찾기는 거의 불가능한 일이었다. 며칠이 지나서 어느 소 장수를 통해 소문이 들려왔다. 그 집 큰아들이 소를 훔쳐 줄행랑을 친 거였다.

그 후, 일 년쯤 지난 뒤에 소를 훔쳐 간 아들은 멋쩍은 표정으로 돌아왔다. 그를 지켜본 이웃들은 몽둥이찜질을 당할 줄 알았는데, 그의 부모들은 야단은커녕 죽었던 아들이 살아온 것처럼 반가움의 눈물을 삭혔다. 그리고 말없이 아들을 품었다.

나무를 자세히 살펴보니 떨어져 지낸 만큼 타원형으로 생겨난 공간이 제법 넓다. 빗나갔던 가지에게 과거를 돌아보라고 타원형의 거울처럼 된 것인지 알 수 없다. 떨어져 나간 가지를 보듬은 나무 부위가 울퉁불퉁하게 튀어나와 힘줄처럼 두드러졌다. 아마 뻗대던 가지를 당겨 품느라 용을 쓴 흔적 같다.

'회탕지' 나무의 가지는 곧 자식이고, 사람의 자식은 바로 가지가 아닌가. 소 한 마리를 날려 버리고 돌아온 아들을 품은 부모나, 품을 마다하고 몇 년간이나 밖으로 외돌다가 돌아온 가지를 품은 나무나, 자식을 내치지 않고 기껍게 포옹했다. 성서에서 전해진 이야기든 내 눈으로 직접 본 귀향이든, 돌아온 탕

자를 받아들인 것은 다 같은 어버이 마음이다.

회탕지를 보고 나서 인간세계나 식물세계나 생존이 존재하는 세계에선 별반 다르지 않음이랴. 조건이 따르지 않는 너그러운 용서와 포옹, 그 위에 또 뭐가 있을까.

생生

산이 가지가지 색깔을 띤 단풍들로 너울댄다. 한해살이를 끝내는 막판의 삶이라 찬란하게 빛을 내는 걸까. 머지않아 맞이할 운명을 알기에 저리도 곱게 단장을 하는 건가. 지금이라도 서릿발을 실은 북풍이 불어오면 끝내야 하는 삶이 아쉬워서 몸부림치는가. 산을 찾는 사람들도 현란한 단풍만큼이나 알록달록한 옷을 걸쳤다.

산으로 향하는 길에 개울이 있는데 외나무다리가 놓여 있다. 다들 배낭을 고쳐 메고 매무시를 단정하게 한다. 외나무다리에서 떨어지지 않으려면 한쪽으로 기울지 않게 중심을 잡아야 무난히 건널 수 있다. 양팔을 벌리고 두 다리에 힘을 적당히 싣는다. 너도나도 조심스럽게 건넌다.

평생을 사는 삶도 외나무다리를 건너가는 것과 진배없지 않을까. '생'이란 글자를 한자漢字로 써보면 소 우牛가 한(一) 길 위로 지나가는 형상이다. 그게 바로 생이다. 날 생生은 변이 단출하여 쓰기 쉽고 읽히기도 쉽다. 하지만 글자는 단순해 보이나 그 뜻은 만만하지 않다.

생生을 문자로 풀이해 보면 소가 외나무다리를 건너는 것처럼 살아가라는 암시가 아닐까. 소가 네 발로 외나무다리를 건너려면 신중에 신중을 더해야 할 터이다. 그래서 우리 사람도 매사에 몸과 마음가짐을 가로로 놓인 다리를 걷는 자세로 임하라는 심오한 뜻이 내재되어 있는 것 같다. 그런 의미에서 날 생生을 만들지 않았나 싶다. 세상살이에 있어 조심스럽게 걸어야 한다는 뜻으로….

생을 영위할 때 동서고금을 막론하고 빈부귀천 가릴 것 없이 지위고하를 따지지 않고, 살아가려면 나름대로 고뇌가 있기 마련이다. 애로와 실수가 없는 인생은 아마 거의 없지 싶다. 각자 품은 뜻대로 되기가 쉽지 않을 터. 실수의 차이가 적고 많음이 있을 뿐이다. 인생을 사는 데 있어 천번 만번 강조해도 모자란 말이 조심성일 것이다.

누구나 젊을 때 품은 청춘의 꿈은 비릿하다. 그리고 싱그럽다. 풍선처럼 부풀어 오르기도 하고 봄 산보다 더 푸르게 물들기도 한다. 그래서 꿈을 이루고 싶은 마음은 가을 산같이 붉게 타오르기도 한다.

꿈을 향해 질주하여도 이룰 수도 있고 이루지 못할 수도 있다. 행복해지기도 하고 불행해지기도 한다. 꿈을 이루지 못하면 절망에 빠지기도 하지만 대다수는 헤쳐나려고 용을 쓴다. 이럴 때 절망은 좌절이 아니라 다시 발버둥을 치는 뜨거운 열정이다. 열정은 꿈을 향한 질주다. 그래서 우리의 생은 늘 까치발을 하는지도 모른다.

우리가 즐겨 마시는 차(茶)도 독성을 없애려면 구증구포의 긴 시간을 거쳐야 하듯이, 인생도 크고 작은 고비를 겪어야 외나무다리란 본궤도에서 떨어지지 않는다. 차茶란 문자를 보면 풀 아래에 사람이 있고, 그 아래에 삼나무껍질 변이 자리했다. 사람 인人이 중심을 잡고 있다. 이것은 무엇을 의미할까.

사람은 마음이나 몸이나 늘 중심을 잡아야 한다. 흥청망청 걷다가는 여차하면 생이란 궤도에서 이탈되어 굴러떨어질 수가 있다. 외나무다리란 대개 낭떠러지나 계곡이나 위태로운 위치에 놓여 있지 않은가. 거기에서 떨어지면 보편적으로 큰 낭패를 당하기 쉽다. 긴장하며 살아야 낭패를 덜 당하게 되리라. 한순간의 실수가 평생을 쌓은 권위도, 모든 사람이 우러르던 위상도 한꺼번에 실추하고 만다. 지위도 권세도 한갓 물거품처럼 사그라지고 마는 것을 우리는 종종 보아 왔다.

생의 다리에서 추락하는 형태도 다양하다. 사업에 실패한 이, 육체를 다쳐 마음대로 다니지 못하는 이, 순간의 부주의로 사회와 결별해서 지내는 이, 저마다 나름대로 고충을 겪는다. 이들은 각자 바라는 뜻을 좇다가 인생의 외나무다리에서 헛디딘 격이 아니겠는가.

그렇게 되지 않으려면 시시로 흔들리는 마음부터 다스려야 한다. 작은 일에서부터 흔들리지 않으려면 중심을 잡아야 된다. 바람은 늘 사람에게 머물지 않고, 사람은 바람 따라 가지 못한다. 그래서 생이 때론 힘에 버거워 고단하기도 하며 정신이 헷갈릴 때도 있다.

왜 이 시점에 와서 생에 대해 깊이 생각하게 될까. 가을 산이 왜 저리 곱게 물드는지, 뭐 때문에 늙어가는 시점에서 부끄럼도 없이 정열을 마구 쏟아내는지. 조심스레 살아온 시간을 보상이라도 받고 싶어서일까. 이제야 새벽 그림자처럼 어렴풋이 짐작이 간다.

지나온 길 돌아보면 나에겐 모순된 부분도 적지 않다. 생의 길은 늘 불안전하고 걱정이 따르는 길인지 몰랐다. 생장하고 소멸하는 순환도 되풀이되는가. 그 길을 다시 가라 하면 매끄러운 삶을 살 수가 있을까. 멋모르고 부닥쳐 온 길, 이제 대충 알았으니 무난하게 헤쳐 나갈 수 있으려나. 어쩌면 알아서 더

겁이 나는 길이 될지도 모른다.

산다고 살았건만 남은 게 무언가. 한 토막의 생각, 짧은 단어 하나에 간간이 밤을 반납하며 살아왔으나 무엇을 남기고 갈 것인가. 비가 온 뒷날 마당가에 달팽이가 기어간 흔적만큼도 남기지 못할 생이 아니겠는가. 생쥐가 파먹고 버린 밤껍질만치도 쓸모없는 생각들. 백사장에 떠밀려 나온 빛바랜 소라껍데기만도 못할 상념. 단 한 번의 밀물에 형체도 없이 묻혀 버릴 바닷가의 조개껍데기 같을걸. 잡다한 생각으로 뭉친 몸뚱이는 언젠가는 한 줄기 바람에 실려 흔적도 없이 사라질 …….

무엇 때문에 동동걸음을 치며 왔는가. 차라리 자투리로 남은 삼베 쪼가리라면 한 쪽 두 쪽 주워 맞춰 밥상보라도 만들어, 파리가 앉지 못하게 상을 덮기라도 하련만. 하찮은 생각 쪼가리를 모아 어디에 쓴단 말인가. 허구한 날 짧은 팔을 걷어붙이고 숨을 몰아쉬며 살아왔으나 남은 것은 아무것도 없다. 허무다. 남은 것이라곤 허울에 붙어 늘어나는 주름살과, 허접한 파지를 줍는 노인의 낡은 손수레처럼 삐거덕거리는 머릿속. 삼 분이 채 되기도 전에 잊어버리는 두뇌만 달고 다닐 뿐이다.

지금도 내 마음은 바람 부는 봄날에 하얀 안개꽃이 흔들리는 것과 같다. 하지만 어쩌랴. 그것을 참고 견뎌내는 것 또한 사람인 것을. 소 우牛와 한 일一이 합해진 날 생生을 떠올리며, '원래

다리를 건너려면 조금씩 흔들릴 수 있는 거야.'라고 스스로 위무할 수밖에. '날 생'이 참으로 묘하다. 참으로 먹차다.

잘 쓴 글씨를 보면 마음이 맑아지고, 현명한 사람을 보면 덩달아 기분이 좋아진다. 내일도 외나무다리를 걸어가려면 마음을 가다듬어야지. 이 새벽이 지나가고 아침이 밝아오면, 밭일을 하다 파헤쳐진 개미집의 놀란 개미들이 줄을 지어 나오듯, 사람들이 붐빌 것이다.

나도 많은 사람 틈에 끼여 외나무다리를 걸어가리라.

부넘기

날씨가 매섭다. 햇볕이 건너간 지 얼마 되지 않았건만 옷을 벗은 나뭇가지들이 벌벌 떤다. 가로수로 이어진 지방도로를 지나 마을 입구에 닿자 연기가 어스름을 헤치려는 듯 뭉글뭉글 솟아오른다. 어둠과 함께 골목으로 들어서니 오래전에 맡았던 시골 향취가 물씬 풍긴다.

언니 집 마당에 들어서니 사랑채로 들어오라고 손짓을 한다. 사랑방에 드니 열기가 후끈하다. 온돌방에 불을 지핀 거였다. 훈훈한 방은 영하로 내려가는 이맘때엔 금상첨화다. 샛문을 여니 가마솥이 걸린 아궁이에서 장작불이 타고 있다. 얼마 만에 본 장작불인가. 불을 가까이하고 싶어 아궁이 앞에 앉았다. 타다 남은 장작개비를 부지깽이로 안으로 밀려고 하다가 아궁이 뒤쪽까지 퉁겨져 턱하고 걸린다. 부지깽이를 아궁이 깊숙이 넣어 다시 더듬거려봤다. 아궁이보다 조금 높게 자리한 구들 입구다. 아궁이에 불을 지피면 불살을 고래로 빨려 들어가도록 만든 부넘기이다. 아궁이에서 부넘기는 약 40도의 경사로 비스듬하게 각도를 맞추어야 불살이 잘 빨려든다고 한다. 아궁이 입구로 불살이 역류하지 못하게 하는 대류 현상을 이용한 것이다.

아궁이에 불을 지펴 방을 데우는 것은 삼국시대에서 고려 시대, 조선 시대를 거쳐 오늘날까지 이어져 왔다. 동시대에 어느 민족도 어떤 부족들도 갖지 못한 독특한 난방기술이다. 넓은 대륙을 가진 나라도 사철 얼음으로 덮여 있는 나라도 이 원리는 알지 못했다. 우리 선조만이 고안해 낸 반영구적인 구들이다. 다른 나라와 달리 사계절이 뚜렷한 우리나라의 기후에 맞춰 사용할 수 있는 에너지 시스템이기도 하다. 값으로 매길 수 없는 선조들의 지혜에 새삼 존경심이 솟는다.

먼 옛적부터 선조들은 불가능한 일을 꿈꾸어 가능으로 바꾸었다. 생활 속에서 터득해 낸 아이디어다. 돌을 이용하여 불로 방을 데우는 지혜. 이를테면 불은 낮은 곳에서 높은 곳으로 향하고 물은 높은 곳에서 낮은 곳으로 흐른다는 이치를 이미 깨달은 것이다. 불을 끄는 데는 물만 한 것이 없고, 물기를 말리는 데는 불만 한 것도 없다. 하나둘 짚어보면 우리 선조들은 사람의 몸이 아니라 욕망으로 뭉쳐진 욕망 덩어리인지도 모른다.

온돌 난방은 금방 확 달아오르고 이내 식어버리는 게 아니라, 천천히 데워지고 서서히 식는다. 스위치만 올리면 금방 데워지고 까닥 누르면 이내 식어버리는 그런 게 아니다. 시간을 두고 은근하게 훈기를 돌게 하여 온도를 높여가는 축열蓄熱 방식이다. 생각하고 또 생각하여 실행에 옮기는 인내심이 깊은 민족이 온돌 난방이라면, 생각이 빠르고 동작도 날렵하며 직설적인 성격을 가진 민족이 현대식 난방이 아닐까.

고래로 향하는 들머리에 앉은 부넘기. 방고래 형태가 몇 갈래 줄로 나누어진 줄고래이든, 부챗살같이 확 퍼진 부챗살 고래이든, 양쪽 고래가 마주 보며 놓인 맞선 고래이든, 개의치 않고 부넘기는 방을 고루고루 따뜻하게 덥힌다. 아궁이의 화력을 끌어당겨 고래로 들어가게 하고, 쓸모없는 연기는 개자리를 거쳐 굴뚝으로 나가게 한 부넘기.

부넘기를 보니 잊고 있었던 기억을 되살리게 한다. 오래전 친정집에도 부넘기 같은 존재가 있었다. 한 가정의 가장은 식구를 먼저 생각해야 한다는 것이 할아버지의 신조였다. 사랑채에서 내는 기침 소리의 높낮이로 아버지는 할아버지의 심중을 읽었다. 아버지가 외출 중에 약주에 취해 비틀거리다가 사립문 앞에만 닿으면 언제 그랬냐는 듯 몸을 곧추세웠다. 그다음 동작이 할아버지가 계시는 사랑채를 향해 눈치를 살피며 인사를 드렸었다. 아버지만이 아니라 큰삼촌 작은삼촌도 예외일 수가 없었다. 열 명이 훌쩍 넘는 대가족이 한 지붕 밑에 복닥거리며 살았다. 식구들은 똑같은 씨앗이라도 얼굴이 다르고 성격도 다 달랐다. 하지만 우리 가족들은 할아버지가 정한 규칙이 버거웠지만, 거기에 맞추어 살아야 했다.

그 무렵 가을걷이가 끝나면 농한기였다. 직장인처럼 시간에 얽매이지도 않고, 요즘같이 대체 작물을 하는 것도 아니었기에 겨울철만 되면 한갓졌다. 농한기를 틈타 아버지 친구 몇은 동네 사랑방을 벗어나 외방출입이 잦았다. 그들은 한 해의 수확물을 마당 한 구석에 조금 쟁여두고, 마치 태산이라도 메다 놓은 것처럼 느긋한 기분에 들떠 외방으로 나돌았다. 한철을 호탕하게 즐기고 난 뒤면 전답을 줄이기가 예사였다. 그들이 손짓할 때 갈까 말까 망설이는 찰나에 아마 아버지는 할아버지를 떠올렸으리라.

할아버지의 엄하고 조금은 고지식할 정도의 일관된 주장이 있었기에, 그 아래 자손들이 이름을 떨친 인생은 아닐지라도, 가장의 도리를 벗어나지 않았다. 그러했기에 가정에 불협화음이 없었다. 만약에 할아버지가 아버지에게 정해준 부넘기 같은 삶의 각도가 없었다면 아버지께서 충실한 가장으로서, 우리 형제에게 좋은 아버지로 기억될 수 있을까.

우리 집의 실제 가장은 아버지였지만 가정을 순탄하게 이끈 발판은 할아버지였다. 아버지가 가정을 위해 화력을 살리는 아궁이의 불살이라면, 그 불살을 고래로 퍼져가게 해준 것은 할아버지다. 아궁이의 불을 빨아들여 고래로 넘어가게 하는 부넘기를 보면서, 흩어져 있던 기억의 잔해들이 희미한 정신을 부각시키기라도 하듯 내 안으로 서서히 모여든다.

할아버지도 자식들에게 온기가 도는 가정을 꾸려 나가라고 부넘기를 자처했는지도 모른다. 조금 어리숙한 자식이든 그렇지 않은 자식이든 삶의 각도를 잡아 주었던 거다.

1세기 전에는 일반화된 구들 문화였다. 시대가 바뀜에 따라 구들 문화가 점점 사라져 간다. 이런 현상은 농경사회에서 공업사회로 빠르게 변화하는 과정이라 할 수도 있으리라. 또한 급속도로 밀려오는 서양문화를 받아들이는 데서 온 것이라 할 수도 있겠다. 이제는 산자락을 베고 있는 농촌이나 빼곡한 빌딩 숲이 하늘을 따라잡을 듯 서 있는 도회지나 구들 대신 플라스틱 호스를 깔아 물을 데워 방바닥을 덥힌다. 빠름을 재촉하는 시대에서 보면 간편하고 그을림이 없어 깨끗하기는 하다. 구들 문화가 사라져가는 것은 어쩔 수 없는 시대상이다. 가끔 전원주택에서 옛 온돌방을 만들어 구들의 명을 이어가고 있을 따름이다.

부넘기가 사라지듯 우리 사회에서도 정신적 부넘기가 사라지는 것 같아 안타깝다. 반세기 전만 해도 상상도 못한 모습을 종종 보게 된다. 어른 곁에서 담배 피우는 것은 해가 서쪽에서 뜨는 것과 같은 거였다. 다 그런 것은 아니지만, 요즘엔 어른이 보거나 말거나 담배를 피우는 젊은이를 봤다. 그런 것을 본 어른이 오히려 민망한지 고개를 돌려버리고 만다. 법으로 정해진 것은 아니지만, 소少가 노老에 대한 예의가 바탕이고, 노가 소少를 이끌어 주는 것이 마땅하지 않겠는가. 이러다가 사회의 부넘기가 아예 없어져 버리지나 않을는지.

현시대엔 혈육 간의 다툼을 넘어 생사를 가르는 일들이 심심찮게 들린다. 시간이 흘러갈수록 그런 빈도가 높아지고 있는 것 같다. 별다른 사람 없고 고충 없는 가정이 없을 터다. 거기에는 내적, 외적 관계를 통한 정신적 각도가 없어서가 아닐까.

드러나지 않아 남의 눈에 잘 띄지 않는 부넘기의 역할. 순수한 본성. 변하지 않는 개념으로 실행하기란 쉽지 않다. 작고 미미한 것에서부터 정견定見을 통해 흔들리지 않는 마음을 지녀야 가능하리라.

오덕을 품다

사람이 먹는 음식엔 가짓수가 엄청나게 많다. 그중에서 우리 입맛에 가장 깊숙이 배인 식품이 있다. 식단에서 그 존재감이 심히 묵직하다. 밥상 한가운데에 놓인다. 모양이 화려하거나 고상하지는 않지만, 사람의 구미를 끌어당기는 묘한 마력이 잠재되어 있다.

옛적부터 이 내음이 농촌, 도시 가릴 것 없이 식사 때마다 골목골목을 날아다녔다. 쌀이나 보리쌀, 밀가루 등 주식과는 대칭 관계에 있으나 이것이 없으면 식사를 해도 깔밋하지 않다. 뜨거우면서도 시원하고 짠 듯하면서도 개운하다. 궁하든 부유하든 다른 찬이 있거나 없거나 이것은 끼니때마다 밥상에 오른다. 급변하는 세월을 건너오면서도 식탁에서 정중앙을 지켜왔다.

먼 먼 우리 선조 때부터 100년간의 일월운행과 절기를 추산하여 만든 역서, 백중력에도 이 식품을 담그는 날을 택일하여 정해 놓았다. 나는 지금까지 정월달에 이 식품을 담글 때마다 백중력을 보고 조장造醬 일에 담근다.

늦가을에 메주를 만들 때부터 달이 밝은 날을 피한다. 콩 숙은 어두워야 발효가 잘된다고 알려졌기에 초순께나 그믐께를 택한다. 온달일 때보다는 직녀가 던져 놓은 빗 모양일 때가 좋다. 달이 환한 보름께 메주를 만들어 달아 놓으면 똥파리가 달라붙어 티가 인다는 구전이 있다. 그래서 나는 메주를 만들어 장을 담글 때까지 구전되어온 가르침을 따른다.

이 식품은 《삼국사기》의 기록에도 있다. 옛 왕실에서 혼인할 때 왕비의 폐백품목에 이 식품이 들어 있었다니, 그 이전부터 장문화가 있었음이라. 우리 민족성을 비추어볼 때 왕비의 폐백품목에 든 것은 당연한지도 모른다. 이 식품이 우리의 된장이다.

같은 동양이라도 우리나라와 근접해 있는 중국은 우리와 방법이 다르다. 우리 된장처럼 오랜 기간을 두고 발효시키고 숙성시켜서 먹지 않는다. 그들은 삶은 콩에 밀가루와 검은 색소를 넣어 시커멓게 만들어 먹는다. 단맛을 내는 춘장이다. 그것은 만드는 기간도 며칠이라고 한다. 만드는 과정이나 맛이나 우리의 된장과는 차원이 다르다. 우리는 콩을 삶아 말리면서 발효를 시켜 장을 만들어 먹을 수 있기까지는 대여섯 달이 걸린다. 가모가 혹여 달거리를 하는 날이나 우기가 있는 날은 장 담그는 일을 피한다.

《규합총서》에서도 여인들이 마땅히 해야 하는 덕목 면에서 주사의, 봉임칙, 청낭결, 산가락, 술수략 등이 있다. 그중에서 주사의 장 담그기가 제일 먼저 수록되어 있다. 이런 것만 봐도 한 가정의 가모가 갖추어야 할 부덕 중에서, 장 만드는 일이 첫째로 꼽히는 것임을 짐작할 수 있다.

장을 담그는 동안에는 수시로 장독대를 오르내려야 한다. 싱거워도 냄새가 많이 나고 맛이 텁텁할 수가 있으며 너무 짜면 단맛이 멀어진다. 적절한 맛을 잡으려고 눈 조정, 손 조정에 정성을 다해야 된다. 장맛이 잘 잡히면 일 년이 무탈하다고 여겼으며, 정상적인 맛이 아닌 해에는 집안에 우환이 생긴다고 믿어왔다. 나 역시 장을 담그는 정월달부터 봄 내내 끼 많은 남자가 첩 집 드나들 듯이 장독대를 오르내린다.

옛 어른들은 가문에 새사람을 맞게 되면 가까운 친척끼리 문전을 알리는 인정이 있었다. "식사 한 끼 하러 오라는 말 대신에 우리 집 장맛보러 오게나." 이렇게 말씀하셨다. 밥 먹으러 오라는 게 아니라 장맛을 보러 오라는 거였다. 장맛, 곰곰이 새겨보면 짧은 낱말 속엔 심오한 깊이가 내재되었구나 싶다. 장맛은 단순히 찬이나 음식의 간을 맞추는 그 이상을 훌쩍 넘어선 거다. 자신의 가문에 들어온 새사람에게 문전을 터주는 시작과 함께, 쉽게 변하지 않고 아무 음식에나 잘 어울리는 된장처럼, 같이 어울려 교감을 나누며 살자는 뜻이 아니었을까.

그뿐만이 아니라. 어릴 땐 몸이 으스스 춥고 눈곱이 끼거나 하품만 하여도 객귀에 걸렸다고 하였다. 할머니께서는 우리 형제 중에 뉘라도 체하여 배탈이 나도 객귀가 붙었다는 처방을 했다. 커다란 박 바가지에 물을 담고 밥과 나물과 된장을 넣어 오른손에 칼을 쥐고 왼손엔 바가지를 들었다. 아픈 나를 방문 앞에 앉혀놓고 할머니는 어디에서 들었든지 배웠든지, 서책에도 없는 희한한 문장을 다 끌어왔다.

“어세 객귀야, 썩 물러가거라. 해동 조선하고도 경상도라 서라벌 땅에 너 올 곳이 아니리라. 이 밥 한 바가지 받아먹고 썩 물러가거라. 만약에 돌아서지 않는다면, 날이 시퍼런 칼에 드는 작두로 쉰 길 청수에서 헤어나지 못하리라”. 하시면서 칼등으로 아픈 내 몸을 여기저기 쓱쓱 문질러 바가지에 끌어 담는 시늉을 했다. 바가지에 든 것을 마당으로 휙 뿌리면서 오른손의 칼을 사립을 향해 훌쩍 집어 던졌다. 칼끝이 사립으로 향해 떨어지면 아픈 게 금방 낫는다고 하였다. 혹 칼끝이 마당 안쪽으로 향해 떨어지면 다시 바가지에 된장을 푹 떠 넣고 목소리 톤을 높였다. 그러고 나면 개운치 않던 몸이 할머니의 주술 덕분인지 나아지기도 했다. 이런 것을 볼 때 된장은 식품을 넘어 백성들의 약도 되고 객귀를 쫓는 무기로도 한몫 해왔다.

언제부턴가 어른들은 된장은 마음으로 빚는 식품이라 하였다. 된장을 가리켜 다른 맛과 섞여도 제맛을 잃지 않고 본연의 맛을 지녀 단심丹心. 오랫동안 두어도 상하거나 변질이 없다 하여 항심恒心, 비릿한 맛이나 풋내나 기름진 냄새를 감해 준다 하여 무심無心, 자극적이거나 매운맛을 부드럽게 유화시켜주는 점에서 선심善心, 어떤 음식과도 조화를 잘 이루어 화목을 도모한다고 화심和心, 이렇게 다섯 가지를 지녔다 하여 오덕이라 칭했다.

그래서 된장은 지금도 우리와 함께 맥을 같이한다. 오덕을 지닌 대가인지. 격동의 시대나 현재나 식단에서 그 위치는 변동이 없다. 숟가락이 가기 좋은, 정승 자리라 칭하는 정중앙을 차지하고 있다.

발효와 숙성과정은 끈질긴 우리의 얼과 같다고 느껴진다. 정신노동자가 차를 즐겨 마시고 육체노동자가 막걸리를 즐기듯, 수프를 즐겨 먹는 서양인이 있지만, 우리는 아무리 먹어도 물리지 않는 된장을 먹는다. 동서양을 다 털어도 함부로 흉내도 내지 못하는 우리만의 발효식품. 인류는 세상을 지키고 삼류는 세상을 바꾼다고 했다. 눈부시게 아름답거나 세련된 색채도 아니다. 하지만 된장을 먹은 덕분에 우리의 의식주가 세계 경제 대열에 오를 수 있었음이리라.

된장에는 여느 음식과도 어울릴 수 있는 덕을 품었다. 세월이 흘러도 변하지 않는 친근한 인정이 묻어있다. 오늘 저녁에도 삼 년 묵힌 된장을 보글보글 끓인다. 숙성된 된장이 연륜을 쌓은 사람의 인성 같기도 하고, 한편으론 묵묵히 살아가는 민초들의 근원을 닮은 것 같다.

바닷물도 말리고 끓이면 소금이 나오듯이 사람도 생각을 하고 또 하면 심지가 깊은 사람이 되는 걸까. 된장처럼 숙성의 시간을 거쳐야 실수가 없는 삶이 될까. 깊은 맛을 지닌 된장을 닮고 싶다.

경책

아담한 고택에 온기가 넘친다. 가까이서 멀리서도 따뜻한 정신을 꾸러 오는지, 사람들이 줄을 잇는다. 서양인들도 삼삼오오 찾아들어 파란 눈으로 여기저기 기웃거리며 안내자의 설명에 고개를 끄덕인다.

안채 마루에 걸터앉았다가 사랑채를 돌아 뒤뜰에 들어섰다. 방문객의 땀을 식히라는 듯 회화나무 한 그루가 깊은 그늘을 드리웠다. 큰 나무의 한 가지는 안채를 향해 뻗었고, 또 한 가지는 사랑채를 에워싸듯 지붕을 덮고 있다. 희한하게도 나무는 속이 길게 파여 흡사 구유 같다. 파인 나무를 쳐다보면 어느 조각가가 팠다 하여도 저처럼 오묘하게 만들 수 있을까. 나무는 속을 비우고도 푸른 잎이 무성하다. 노블레스 오블리주를 실천한 가문의 얼이 스며있는 듯 나무는 품성이 넉넉해 보인다.

최 부자 가문이 오랫동안 부를 지닌 비결은 다름 아닌 정신이다. 며느리를 맞이해도 삼 년간은 무명옷을 입혔으며, 은비녀 이상은 지니지 못하게 했다. 또 하나 흉년기에는 곳간을 더 열어두고 재산을 늘리지 않았다. 재산분배도 장자를 중심으로 하지 않고, 장자 외 다른 아들과 딸에게도 골고루 분배하였다. 그뿐만 아니라, 모두 한자리에 불러 모아 재산에 대해 분쟁하지 않기로, 서약서 겸 화해기를 작성하여 상속에 대한 잡음을 일체 없앴다고 한다.

모든 것을 다 가질 수 없다는 절제의 정신이 최 부잣집에 살아있었다. 보통 부와 권력을 가진 이들은 더 높은 곳을 꿈꾸는데, 최 부자 가문은 9대로 걸쳐 진사만 지냈을 뿐, 지위나 권세를 탐내지 않았다. 마음을 성인으로 키우는 육연六然과, 인륜을 바탕으로 하는 가거십훈家居十訓 정신을 후손에게 엄하게 교육시켜서인지, 지금도 세인에게 존경받는 부자로 남았다.

이탈리아에는 최장수 부자로 알려진 메디치 가문이 있다. 권력을 이용해 수단과 방법을 가리지 않고, 재산을 모았기에 부가 200년을 넘지 못했다. 반면, 최 부자는 정당한 재산증식으로 부를 이루어 몇 세기 동안 지켜왔다. 동서고금을 통틀어도 500년간 만석을 유지해 온 부자는 전무후무하지 싶다.

흔히들 부불삼대를 넘기기 어렵다는 '설'을 지키기라도 하듯이, 최근에는 100년도 유지를 못하고 우르르 무너지는 재벌을 본다. 부는 삼대를 넘기기가 쉬운 일이 결코 아님을 실감한다. 급속한 자본주의 물결을 타고 쌓은 부라서 그런지, 부에 대한 건강한 정신철학을 갖추지 못한 탓이 아닐까 싶다. 빠르게 변하는 시대를 사는 나 또한, 이런 기사를 보고 나면 세간사의 이치를 생각하게 된다.

지난날 내게도 부끄러운 일이 있었다. 어느 해 사업을 하는 사람이 찾아왔다. 어려움이 있다며 자금을 좀 융통해 달라는 거였다. 우물쭈물하며 말을 못 하자, 그러면 우리 집을 담보로 해서 돈을 빌리자는 제안을 내놓았다. 어안이 벙벙하여 눈만 껌벅거렸다.

세상을 살면서 사람의 도리를 다하기란 힘들고도 어렵다. 이해관계에 따라 손을 잡기도 하고 등을 돌리기도 하는 세상이다 보니, 물질을 잘못 다스리면 자칫 사람 사이가 갈라지기도 한다.

선을 쌓은 집안에는 반드시 남은 경사가 있다는데, 나는 여태까지 살아오면서 무엇을 남겼었나. 물질을 추구하느라 동분서주하면서도 정작 손에 쥔 것도 없다. 혹시 남에게 악하게 비춰지지는 않았는지. 나를 다시금 돌아보게 된다.

언제부턴가 대기업들이 골목대장까지 되고 싶어 한다. 실핏줄 같은 동네 이면의 상권까지 침범하기 시작했다. 소상인들은 밥그릇을 빼앗기지 않으려고 안간힘을 쓴다. 대기업이 재채기만 해도 그들은 고열과 몸살에 시달리며 몇 달 몇 년을 앓아야 한다. 식솔의 생계가 달렸다 보니 혹여 된서리를 맞지나 않을까 서민들은 초조한 날을 보내게 된다.

이에 비해 최 부자는 사방 백 리 안에 굶어 죽는 사람이 없게끔 하려는 상생의 정신을 폈다. 내가 이룬 부를 내놓지 않아도 누가 뭐라고 할까만, 최 부자는 이웃이 건강하고 나라가 무사해야 내 가정도 편안할 수 있다는, 철학을 앞세웠기에 오래도록 부를 지탱할 수가 있었으리라. 스스로 가진 자의 정도를 정하고 이를 대대로 실천한 정신은 이 시대가 새겨놓아야 할 대목이다.

최 부잣집의 재산은 모은 만큼 나라를 위해 쓰였다. 임진왜란 때는 의병 활동을 위해, 일본 강점기 때는 독립운동을 위해 자금을 대었다. 해방되자, 나라의 동량을 키우는 대학을 설립하였다. 12대의 마지막 부자 최준 선생은 이 고택까지 사회에 환원했다. 가진 것을 아무런 조건 없이 선뜻 내놓기가 어디 쉬운 일인가. 대대로 가진 자의 미덕을 보여준 최 부자 가문의 정신은 세인들에게 길이길이 남을 만하다.

어리석은 사람은 자식을 자랑거리로 만들고자 하고, 지혜로운 사람은 자신의 삶이 자식들에게 자랑거리가 되도록 몸소 선을 실천한다고 했다. 먼 길을 왔어도 마음 밭에 보란 듯이 덩그렇게 걸어 놓을 게 없는 나는 무엇을 했을까. 인내가 얇아서 생각처럼 푼푼하게 살지 못했다. 더 가지나 덜 가지나 언젠가 가는 곳은 매한가지며, 나 또한 어느 날에 지수화풍地水火風으로 돌아가고 말 것을.

뒤꼍 회화나무 아래로 발길을 옮긴다. 나무 아래에도 탐방객이 돌고 돈다. 가난한 민중들이 곡식을 얻으려 들른 곳에 오늘날엔 노블레스 오블리주의 정신을 꾸러 많은 사람이 줄을 선다. 그 정신을 얻어 간 사람들이 너나없이 나눔의 미덕을 실현한다면, 우리네 사회는 살 만한 세상이 되지 않을까.

바람도 나무의 속을 읽었는지. 삼지창같이 돋은 잎사귀가 내 어깨를 때린다. 따끔한 경책警策이다.

어메이산의 보현

중국 쓰촨성 낙산시에 왔다. 새벽 네 시 반 여름 새벽은 흐릿하게 골격을 드러낸 먼 산등성이와 산 아래 자리 잡은 집들의 우중충한 외관을 비춰 주고 있다. 어둠에 잠긴 마을은 하늘의 잿빛을 받아 지층 아래로 가라앉은 것처럼 고요하다.

어메이산으로 가기 위해 버스를 탔다. 버스는 긴 시간을 달려 굽이진 산길을 돌고 돌았다. 산은 수직으로 되어 있어서 해발고에 따라 기후대가 몇 단계로 나누어진다. 버스를 타고 내린 지점은 저지대에 속하며 난 온대기후이며, 걸어서 오른 지점은 중지대이며 중온대기후였다. 케이블카에서 내리면 고지대이며, 아한대기후로 바뀌었다.

해발 2600고지에서 케이블카는 멈췄다. 들끓는 인파 속에 떠밀리다시피 내려졌다. 거기서부터 아래로는 '현세'라 하고 위로는 '저승'이라 불린다나. 말로만 듣던 이승과 저승의 분계점이다. 저승이라 하니 바짝 긴장되었다. 내심 두려웠으나 현세든 저승이든 먼 길을 왔으니 올라봐야 어떤지 알 것 아닌가.

조심스레 발걸음을 옮겨 놓았다. 얼마를 걸었는지. 나는 어느새 콘도르가 되어 구름속으로 들어갔다. 구름의 상승 기류를 타고 깃털을 날리며 높디높은 산 정상을 향해 날았다. 구름은 산봉우리로 치솟았다가 온 산을 휘감다가 자유자재다. 변화무상하는 기후는 한 치 앞도 예측할 수가 없다. 저승은 변화가 이렇게 심한 건가. 변화무상한 구름을 보면 저승이 아니라 극락이 아닌가 싶다. 보라색 구름이 되었다가 금방 붉은색 구름으로 변했다. 햇빛이 반짝이다가 잠깐 사이에 뚜 두둑 비를 뿌렸다. 자유분방한 구름의 뒤척임이 온 산을 흔들어 뒤엎을 듯 기후는 급하게 요동쳤다. 구름은 사나운 폭풍우와 같이 소용돌이를 치다가 내가 서 있는 방향을 향해 빠르게 이동해 왔다. 나는 완전히 구름에 실려 버렸다. 같이 간 일행이 나를 불렀다. 소리가 들리는 쪽으로 얼른 고개를 돌렸다. 안개구름이 한 겹씩 지워 나가고 있었다. 눈 깜짝할 찰나 그때 보았다.

그분은 뒤축 닳은 신발을 신고 낡고 해진 바지를 입었다. 키보다 높은 돌을 지게에 지고 무, 무, 무 태산을 오른다. 숨이 차면 작대기를 뒤로 돌려서 지게에 진 돌을 공구여서 잠시 서서

숨을 돌려 쉬다가 오르고 쉬다가 올랐다. 저렇게 무거운 돌을 지고 비 오듯 흐르는 땀방울을 닦을 여유도 없어 수건을 이마 위에 동여맸다. 그의 모습은 한마디로 초라했다.

바글거리는 사람들은 저마다 치장을 하고 값나가는 의복을 걸쳤다. 그들의 옆을 지나칠 때면 짙은 향기가 코를 찌른다. 카메라를 메고 선글라스를 끼고 여덟팔자걸음을 걷는 중년 신사, 날씬한 몸매를 자랑하듯 살래살래 허리를 흔들며 걷는 여인. 그 누가 남의 애정을 말리겠냐마는 그냥 오르기도 비좁아서 숨이 차서 죽을 지경인데 어깨동무를 하고 오르는 연인.

그런 틈새에서 돌을 지게에 가득 진 촌로는 바글거리는 인파 속을 뚫고 올라온다. 경사진 오르막을 고개를 푹 숙이고 묵묵히 오를 뿐이다. 짐이 힘에 버거운지 다리를 휘청거리면서 사람 사이를 비집고 한발 두발 옮긴다. 자칫하면 사람의 발길에 걸려 넘어질 지경이다. 왠지 눈길이 떼어지지 않는다. 빈 몸으로 올라와도 숨이 턱에 걸리는데 그분의 표정만은 보현보살같이 편안해 보인다.

고대 그리스 신화에 나오는 시시포스가 생각난다. 있는 힘을 다해 바위를 산 정상에 올려야 했다. 그는 오직 일념 하나로 정상으로 돌을 굴려 올린다. 바위가 거의 꼭대기에 다다를 즈음이면 아래로 떨어져 버렸다. 그래도 시시포스는 다시 바위를 올리려고 안간힘을 다했다.

시시포스는 왜 해만 뜨면 바위를 산 정상으로 져다 올리는 것일까. 그러나 시시포스가 바위를 올려놓으면 굴러가버렸지만, 이 촌로가 져다 올린 돌은 세상에 둘도 없을 보현보살의 궁전을 만들고 있다. 보현보살행이 몸으로 실천하는 거라고 하지 않았나. 그래서 자고새고 돌만 져다 올리는 걸까. 예수님도 산딸나무로 만든 십자가를 어깨에 진 고통을 참아내었기에 오늘날까지 사람들이 우러른다. 대중의 고통을 위해 기꺼이 자신의 몸을 바쳐 희생했다. 자신을 위해서가 아니라 여러 사람을 위한 고통을 대신 져준 분들이다. 성인이란 자신을 버리는 데서 탄생하는 거다.

그런데 나는 살아오면서 늘 싸움질에 바빴다. 그 싸움은 생활과의 싸움이었다. 어제의 노고는 자고 나면 무로 돌아가고 밤사이에 쌓이는 일, 밥하고 빨래하고 청소하고, 주머니 사정에 맞추어 살림살이와의 싸움질, 아이에게도 절대로 하지 말아야 할 것과 마땅히 해야 할 것을 돌림노래로 들려주는 싸움질, 시답잖은 작품이지만 글쓰기를 위한 나 자신과의 싸움, 언제 어디서고 내 가족의 안위에 귀를 쫑긋 세웠다. 그러는 동안 무력한 시간은 지푸라기처럼 훨훨 날리며 둥둥 떠내려와 여기까지 왔다.

돌을 진 촌로는 시커멓게 그을린 피부에 남루한 차림이지만, 이미 오래전에 화엄사상을 깨달았는지도 모른다. 몸으로 고행을 겪어 초라한 모습이 오히려 거룩해 보인다. 어쩌면 저 촌로는 이미 부처님 세계와 현세를 넘나드는 게 아닐는지.

아래를 내려다보니 산이 산을 품고, 산이 산을 업고, 산이 산을 거느렸다. 왜 무엇 때문에 가고 오기 편리한 평지에 부처를 모시지 않고 고산을 택했는지. 어쩌면 이로 인해 몸으로 실천하는 보현보살을 찾으려고 이곳을 택하게 된 것인지도 모른다.

자동차가 오르지 못하는 수직으로 이루어진 산. 둥그런 좌대 위에 사면십방보현보살이 48미터로 치솟아 사방을 내려다본다. 고봉태산에 보현보살을 모시기 위해 몸소 행하는 고행인. 셀 수도 없는 수만 장의 돌을 둘렀고 수천 개의 등불을 달았다. 이러기까지에는 많은 사람의 노역으로 이루어졌으리라. 저들의 땀방울을 모아 두었다면 얼마나 될까. 아마 이 높이와 버금가지 않을까 싶다.

이 산의 진정한 보현은 눈이 따가울 정도로 금빛 광채를 내며 코끼리를 타고 연꽃 좌대 위에 앉은 불상이 아니다. 보현보살은 움직이지 않는 게 아니었다. 오직 부처님 궁전을 꾸미기 위해 진땀을 흘리는 저 촌로. 여행객들이 안쓰러운 눈빛으로 보거나 말거나 무거운 짐을 지고 무표정으로……. 알겠다. 원래 고행이란, 오랜 외로움이며 참아야 하며 나를 버려야 하는 것을. 천하고 귀하고 차별을 두지 않고 중생 세계를 위하여 일신으로 행하는, 어메이산의 보현보살은 돌을 진 저 촌로가 분명하다.

갑자기 고공高空 기류氣流가 몰려온다. 순식간에 구름 파도는 어메이산을 덮여버린다. 돌을 진 촌로도 보이지 않는다. 이 모두가 다 보현의 화술이 아닐는지.

흙

춘분이 다가오니 날씨가 풀렸다. 밭일을 시작하라는 알림이다. 삽과 호미를 들고 밭으로 향했다. 써그락 써그락 잠자던 흙을 일으킨다. 갖가지 채소를 비롯한 강낭콩과 감자를 심기 위해서다. 손과 발이 흙에 닿으니 한결 부드럽다.

흙은 언제부터 생겨났는가. 흙의 포옹은 어디까지일까. 손으로 흙을 만지면서 생각을 해보니 가늠조차 할 수 없다. 돌처럼 단단하지 않고 팥고물처럼 부드럽지만 크고 작은 건물을 지탱하고 있다. 낮은 토담집에서부터 즐비하게 늘어선 아파트, 하늘을 따라잡을 듯 높이 솟은 주상복합건물들도 기본적으론 흙위에 있다.

인종이 달라도 개의치 않고 상하 지위, 강자와 약자를 가리지 않는다. 종교 문화 이념, 가치관이 다르다 해도 흙에는 갈등이란 없다. 풍경소리 댕그랑 울리는 사찰, 성모 마리아상이 서 있는 성당, 십자가를 지붕 꼭대기에 꽂은 교회, 무엇이든 어떤 사람이 기거하든 상관하지 않는다. 흙은 온갖 식물은 물론이지만, 인간이 발복할 수 있도록 한다.

태산도 흙 위에 있고 큰 바위도 흙 위에 박혀 있다. 벼랑에 선 나무도 흙속에 뿌리를 내리지 않고서는 살지 못한다. 강이 깊고 길어도 물이 심토心土 위를 흐르고, 희귀한 곤충과 식물을 키우는 늪도 심토 위에 있지 않은가. 흙으로 이루어진 대지는 넓고 깊은 자궁으로 뭇 생명을 보듬는다.

개미와 굼벵이가 득실거리고 들쥐가 파고들어도 밀어내지 않으며, 지렁이와 큰 구렁이가 옆구리를 간질이면 슬며시 옆을 내어준다. 두더지가 이리저리 저만의 공법으로 통로를 내어 들쑤셔도 불평하지 않는다. 그뿐인가. 크고 작은 유충들이 의지해서 허물을 벗도록 가려 주는 안식처이기도 하다.

흙은 식물을 잉태시킨다. 제 품안에 떨어진 씨앗을 가슴으로 품었다가 온도나 습도나 날씨의 눈치를 봐서 새싹을 밀어 올린다. 비가 오면 물을 받아 머금었다가 젖처럼 필요한 만큼 축여가며 싹을 키운다. 누가 먹을 것인지. 뉘의 몫인지 따지지 않고 알을 영글게 한다.

흙은 식물에게 그들만의 특색을 지니게끔 신호도 준다. 제각기에 맞는 가장 적합한 메시지를 주는 식물에게 알파고와 같은 것. 상추 · 배추는 잎이 무성히 흐드러지게 하며, 토마토와 고추는 꽃을 피워 열매를 매달아 주고, 감자와 고구마는 뿌리알을 키운다.

천한 것일수록 흔쾌히 받아들이는 게 흙이다. 소와 닭을 비롯해 짐승의 배설물을 거리낌 없이 흡수한다. 그런 것을 받아 안고 삭혀서 자신을 유용하게 한다. 생명의 태반이 된다. 산과 강과 동식물의 모태다. 그리고 사람들이 생명이 다하는 날 돌아가는 귀의처이기도 하다. 그러므로 흙은 이 세상 모든 것의 어미다.

미물일수록 흙을 소중히 여긴다. 어릴 때 마당에 놀다가 쥐가 자주 들락날락하는 것을 보았다. 흙담 바닥에 난 쥐구멍을 파보면 흙을 아주 미세하고 콩고물같이 만들어 놓았었다. 자신의 털을 뽑아 흙 위에 깔고 새끼를 기르는 거였다. 아무런 연장도 사용하지 않고 쥐는 흙의 입자를 무엇으로 그렇게 곱게 만들었던지. 지금 생각해봐도 쥐의 재주도 참으로 용하다 싶다. 그렇듯이 쥐도 안식의 처소로 삼아 번식하는 곳이 흙이었다.

그뿐만 아니라 흙은 정적인 모성으로 다양하게 양성한다. 곡식을 키울 줄 아는 농부를 길러냈다. 그 열매로 하여 갖은 요리를 하는 요리사가 있게 했다. 음식을 담는 데 필요한 그릇을 빚는 도공들이 생겨났다. 음식을 먹고 명을 잇게 됐다. 그보다 더 위대한 배출, 셀 수도 없이 다양하게 양성을 하는 학교가 세상 어디에 또 있단 말인가.

옛날 선조들은 고향에서 살지 못하고 부득이 타향으로 갈 때는 흙을 한줌 가지고 떠났다. 몸은 멀리 가도 태어난 땅의 흙, 안태본의 향기를 잊지 않으려는 마음이었다.

예부터 꿈에 부토가 보이면 하던 일이 번창되고, 황토가 보이면 초상이 날 징조라 했다. 부슬부슬한 부토가 두둑하게 쌓인 것은 물질이 쌓이게 되는 것이며, 흙을 담아 집으로 나르면 지향하는 꿈이 성취된다고 하였다. 그만큼 흙은 인간과 밀접한 동반자이기에 해몽조차 그렇게 해석하는지도 모른다.

흙과 나의 만남은 언제부터인가. 생각을 해보니 까마득하다. 시골에서 자란 나는 흙 마당에서 뒹굴었다. 놀이터가 따로 있는 것이 아니라, 논둑, 밭둑이 놀이터였고, 모래밭을 최고의 놀이터로 삼았다. 모래밭에 난 작은 구멍을 파보면 까만 땅벌레가 나왔다. 친구와 그 벌레를 많이 잡기 시합도 했다. 오죽하면 땅이 아니면 살 수 없어 땅벌레란 이름을 얻었을까. 땅강아지, 땅버들, 땅거미, 땅콩, 땅두릅나무 그 이름도 참 많다. 아마 내가 걸음마를 배우고 나서 발을 내디딘 곳이 땅이고, 땅이 곧 흙이다. 긴 시간을 지나온 뒤에야 흙이 흙으로만 보이지 않는다.

흙은 물과 공기, 유기물과 돌 알갱이로 구성되었다. 잘게 부서진 돌 알갱이인 고체가 50퍼센트고 나머지는 액체와 기체가 차지하고 있다. 그 공간에서 유기물과 미생물이 서식한다. 미생물이 많을수록 살아있는 흙이다.

흙의 종류도 다양하다. 산성 흙, 알칼리성 흙. 모래로 된 사질토, 진흙 질의 황토 등이 있다. 흙 한줌에는 미생물들이 작게는 수천 마리에서 많게는 수억 마리까지 산다고 하니 놀라지 않을 수 없다. 흙은 개체 하나하나가 유기적 세계를 이룬다. 이처럼 살아있는 흙에서만 식물이 생명 활동을 영위할 수 있다. 자연의 세계는 흙이 근본이다. 그런데 요즘에는 독성이 강한 제초제, 살충제, 살균제 등을 남용하고 있는 것 같다. 보기 좋은 채소를 키우기 위하여 농약 사용으로 흙을 오염시킨다. 흙이 건강하지 않으면 인간이 살 건강한 터를 잃게 된다. 흙이 건강해야 거기에서 자라는 먹을거리를 얻어 건강해질 수 있으리라. 사람이 건강해지려면 흙부터 오염되지 않아야 할 것이다.

눈속임이 없는 게 흙이다. 흙은 마술을 부려 사람을 감동시키지 않는다. 색종이가 새가 되어 날고 사람의 입안에서 오색실이 나오는 것은 마술이다. 그것은 어디까지나 마술사의 교묘한 재주에 불가하다. 하지만 흙은 눈속임으로 감동시키지 않는다. 있는 그대로다. 깨어 있으나 소란하지 않고 많은 것을 품어도 들뜨거나 자만에 빠지지 않는다. 그저 자연의 섭리를 조용히 따르는 게 흙이다.

이제껏 나는 생물이든 무생물이든 형이상학形而上學으로 볼 줄 몰랐다. 그냥 껍데기만을 봐왔다. 하나의 사물, 어느 물체라도 깊게 사고할 줄 몰랐다. 흙은 늘 가까이 있고 가장 격의 없이 접하면서도 거기에서 주는 울림을 생각지 못했다.

흙은 말이 없는 스승이다. 뒤늦게 겨우 깨달은 부분이나마 받아들여 숙지해야겠다. 곱다고 혹하지 않고 거칠다고 배척해 버리지 않는 너그러운 포옹. 내 마음 밭에도 넓고 깊게 밑거름을 받아들여 성숙해지면 좋으련만…. 아는 것보다 모르는 게 많으니 내 그릇만큼이라도 받아들어야겠다. 내가 여태 지내온 것보다는 앞으로가 좀 더 나아져야 하지 않겠나. 내게 주어지는 일마다 최대한 성실해지자. 너그러워지자. 하기야 이 마음마저 하루 이틀 지나다 겨처럼 까불어 날려버리지나 않을는지.

오늘만큼은 맨발로 흙과 친해지고 싶다. 발바닥에 전해오는 흙의 촉감이 인정스럽다. 밭고랑을 지어 갖가지 씨앗을 뿌린다. 얼마 후면 흙은 깊은 심력을 발휘하여 천연 화판이 되리라.

와온에서

해거름에 와온을 찾았다. 이곳의 물길은 북동쪽에서 남서쪽으로 흐르므로 해가 짧은 겨울철의 일몰이 가장 아름답다. 순천만의 공기는 내 깊은 심장 속까지 파고든다. 먼 길을 숨 가쁘게 달려온 나에게 청량제와도 같다. 도심 속 빌딩 숲에서 사는 사람이 와 보지 않고서야 만경창파의 싱그러운 이 풍경을 알지 못할 것이다.

순천만은 강 하류에 삼각주가 만들어지는 과정을 그대로 보여 주는 곳이다. 쌓이고 쌓인 갯벌에 물이 빠지고 나면 바다의 함초들이 터를 잡고 살게 된다. 그 삼각주에는 육지의 식물들도 같이 자란다고 한다.

갯벌은 농부가 봄에 못자리를 만들어 놓은 것같이 편편하다. 중간중간 실금이 드문드문 그어졌다. 그 금을 경계 삼아 갯벌도 주인이 있어서 사고팔고 한다는 거다. 매매 가격의 기준은 꼬막의 수확량으로 정한다. 물이 왔다 갔다 하는 바다에서 어떻게 분간을 하는지. 눈짐작이 그렇게까지 할 수 있는지 사람들의 눈썰미가 놀랍다.

와온 마을의 뒷산은 소가 편안하게 누워 있는 형상이다. 소는 등이 따뜻하여야 잠을 잘 잔다. 산의 지형이 소등에 두툼한 거죽을 이불처럼 덮어 놓은 것 같다. 영락없이 누워있는 소의 모습이다. 그래서 '와온' 이라는 지명을 얻은 것이 걸맞다 싶다.

예부터 천석꾼의 살림도 시작은 소 한 마리부터라고 했다. 그렇다면 누워있는 소는 부자를 상징하는 증표다. 그런 연유인지 몰라도 주위의 어촌 중에서 소득이 가장 높은 마을이란다. 하기야 여기 사람들은 자손 대대로 갯벌과 함께 살아왔다. 갯벌이 전답이다. 비지땀을 저 갯벌 밭에 몇 말씩을 뿌렸지 않았으랴.

지는 해가 제철 맞은 봉선화 빛이다. 석양은 길게 뻗은 갈색 구름 뒤로 숨어든다. 저들도 지상으로 오려니 수줍은 듯 실웃음을 띠며 내려앉는 춤사위가 고매하다. 황금빛으로 물드는 갯벌이 곱다.

갯벌 속에는 물을 방글방글 내뿜는 갯고둥, 눈알고둥이며, 흙을 곱게 곱씹어 가며 종족들을 불려 나가고 있을 바지락, 새

꼬막, 참꼬막 등 옆으로만 갈 줄 아는 방게. 진흙에 처박힐수록 눈이 불거진 짱뚱어들이 간지럼을 태우며 즐기고 있을 터이다. 수많은 생명체를 밀어내지 않고 포용하며 길러내는 갯벌은 태풍이 불어도 생명을 껴안아 준다.

갯벌 속엔 저마다의 안식처를 삼아 구멍을 뚫고 살아가는 생명체처럼. 우주의 공간에 그렇게 살고 있다. 나름대로 터전을 잡아 종종걸음을 치며 살아간다. 시간에 쫓기며 살아가는 사람이 저 생명체들과 같지 않으랴. 어둠이 짙어 오면 제각기 집을 찾아 하나둘 불을 켠다. 해가 뜨면 일터로 향한다. 나날이 반복되는 삶 속에서 조금만 비위에 거슬리면 눈을 동그랗게 뜨고 아집을 부린다. 제집을 누가 건드리기만 해도 몸을 움츠리면서 눈이 더 튀어나오는 짱뚱어처럼.

지식이 있는 사람은 물을 좋아하고. 인자한 사람은 산을 좋아한다는데. 나는 아는 것도 없고 인정도 많지 않다. 하지만 오늘은 그들보다 내가 더 느긋하다. 해거름의 바다 공기를 마시니 신선이 따로 없다. 만경을 이루고 있는 저 갯벌에 끌려 마음이 풍만하다.

이 만해에 사로잡혀 갈 길을 잊었다. 달님이 갯벌을 향해 떠오르다가 나의 찻잔에 빠진다. 그러나 나는 달님을 건져내지 않고 그대로 마신다.

순천만의 낙조는 마법을 부린다. 와온에서 지는 해, 하나는 산 위의 소나무 가지 사이로 숨어들고, 두 번째의 해는 갯벌 속으로 빠진다. 또 하나의 해가 내 가슴에 안긴다. 온기를 품은 땅에서 느슨해진 나의 생활에도 따뜻한 온기 하나 안고 돌아간다.

2부

물미장

본 날과 첨 날

청소를 하다가 사용하지도 않는 서랍이 열렸다. 맨 안쪽 바닥에 참빗과 얼레빗이 보인다. 어느 때 빗인가. 기억을 더듬으니 결혼할 때 봉채함에 넣어온 예물이다. 내가 결혼할 당시만 해도 신랑 집에서 신부에게 보내는 함에서 빗은 빠지면 안 되는 요긴한 품목에 속했다.

봉채함의 빗은, 그 용도는 머리카락을 정돈하는 것이지만, 결혼을 앞둔 예비신부에게 마음을 빗살처럼 가지런히 하라는 말 없는 조언이었을 터다. 분명 인간과 인간, 가문과 가문의 만남을 두고 몸가짐을 단정히 하라는 뜻이 담겼으리라. 행실이 반듯한 사람을 두고 '참빗 같은 사람'이라고 칭했다. 옛 어른들은 본바탕만 성실하면 참빗 하나만 가슴에 품어도 잘 살 수 있다는 말을 했었다. 그만큼 빗에 빗댄 호의好意의 말들이었다.

하지만 오랜 역사의 뒤에는 가진 게 없어 참빗 하나만 품고 시집간 여인이 있었는가 하면, 날이 예리한 은장도를 가슴에 품고 살아야 했던 여인도 있었다. 사대부가에서는 젊어서 혼자가 된 며느리에게 정절을 지키게 하였다. 며느리의 행실로 인해 조금이라도 가문에 누가 될까 봐 은장도를 지니고 수절하기를 바랐었다. 빗을 품으로써 그것은 빗이 아니라 눈에 보이지 않는 곧은 마음을 지니고자 함이며, 은장도를 지닌 것은 칼을 품은 게 아니라 정조를 지키기 위해 휘어지지 않는 칼날 같은 마음을 지닌 것이리라. 이렇듯 자그마한 여자의 품으로 사랑만 품는 게 아니었다. 헝클어짐 없는 마음과 젊은 혈을 삭이는 정신력을 가져야 했던 거였다.

하나, 푸르던 시절에는 빗 그 자체로만 봤지 그 이하도 그 이상도 볼 줄 몰랐다. 그러했기에 대빗을 여태 어디에 넣어 두었는지도 까맣게 잊어버리고 있었다. 오랜 시간이 지났건만 발갛게 주칠로 물든 참빗과 얼레빗이 변함없이 그대로 있다. 촘촘하게 엮인 빗살이 성긴 데가 한 군데도 없이 고르게 맞물렸다.

참빗 양쪽 중앙에 골을 낸 다음 납작한 등대를 빗살 중앙에 대고 마주 붙여 빗의 중심을 잡았다. 그 만만찮은 가느린 살이 판에 찍은 듯이 가지런하다. 중심을 잡은 등대에는 흘러가는 물결 문양이 새겨져 있다.

참빗을 만드는 과정은 만만치 않다. 3년 이상 된 대나무를 골라 베어 순색이 되도록 그늘에서 말린 뒤에 절단하여 속대는 버리고 겉대만 모아 훑음질하여 빗살을 가른다. 잔살내기, 조름질, 엮음질의 과정을 거치는데, 얇고 가늘게 쪼갠 살을 조름쇠 구멍으로 통과시켜 더 고르고 더 매끈하게 다듬어서, 주추삶은 물에 담가 물감을 들인 뒤 응달에서 말리기를 반복한다 다시 빗살 끝이 날렵하도록 쇠줄로 실는다. 빗살이 촘촘할수록 상품의 가치가 높기 때문이다.

얼레빗은 참빗보다 살이 성기기는 하나 날과 날 사이만은 일정하다. 살잽이 톱을 사용하는 단계에서 본 날과 첨 날의 간격이 좌지우지된다. 톱질에 따라 본 날이 서기 때문에 이때 빗의 몸체와 톱날의 각도가 잘 맞아야 본 날과 첨 날이 직선을 유지하고 삐뚤어지지 않는다. 그렇게 되기까지는 수십 년 동안 빗을 만드는 목소장의 갈고닦은 노력이 함께 보태져야 가능하다.

우리 조상들은 이렇게 빗 하나를 만드는 데도 세심하게 접하고 정성을 다해 왔다. 머릿결을 깨끗이 하여 정신을 맑게 하는 것이 우선이라고 여겨서일까. 사람이 고뇌와 행복을 느끼는 무한공간도 머릿속에서 일어난다고 알았기 때문인지도 모른다.

거슬러 올라가면 두발 문화는 고조선 시대부터 시작하여 통일신라를 거쳐 오늘에 이르렀다. 아마 고조선 때부터 수발 도구가 만들어진 것이리라. 조선 시대에는 여인들은 쪽을 찌고 남자들은 상투를 올렸다. 여인들의 큰 가채머리를 할 때는 빗질을 더 많이 했을 터다. 쪽지 머리를 할 때도 엉클어진 머리카락을 날이 드문드문한 얼레빗으로 대충 빗은 다음에, 날이 촘촘한 참빗으로 곱게 빗어 쪽을 쪘다. 이렇듯 빗은 인간의 생활 속에서 늘 함께하였고, 특히 안방 여인들에게 가장 친숙한 도구가 아니었나 싶다.

예전에 한 여인이 사모하는 이를 기다리는데, 기다리는 사람은 오지 않고 대나무가 서걱거려 밤새 사람이 오는 소리로 착각했다. 그래서 "백 초를 다 심어도 대나무만은 아니 심으리라" 했다는데, 나는 그런 애절한 기다림을 안 해 봐서 그런지 사람에게 없어서는 안 될 나무가 대나무가 아닐까 싶다. 인류는 흙을 보고 그릇을 구워냈고, 삼(麻)을 보고서는 베를 지어 의복을 만들었으며, 대나무를 보고는 생활에 필요한 도구를 만들었다.

생머리카락일 때는 대빗으로 머리를 빗으면 머릿밑까지 시원하게 긁어주는 느낌이 들었다. 머리를 감아 빗으면 두피에 닿는 촉감이 깨끔하였다. 대빗은 플라스틱 빗과는 다르게 물기를 흡수하여 머릿밑이 축축한 것처럼 빗살이 축축해졌다.

예전에 할머니는 감은 머리를 빗은 다음에는 나를 불러 참빗과 얼레빗을 마루 끝에 내놓으라고 하셨다. 그늘에서 물기를 말리려는 거였다. 한참 있다가 빗을 들면 빗이 깔끔하게 목욕재계를 한 것 같기도 하고, 푸새한 베옷처럼 빳빳했다.

옛 생각에 젖었다가 빗을 쥐려고 하여도 얼른 손에 잡히지 않는다. 들어내 진열해 놓을 생각도 못 했지만 그렇다고 숨길 것도 아니었는데, 왜 손이 잘 가지도 않는 서랍에 넣어 두었는지. 어쩜 대빗도 따뜻한 안방에서 촉촉한 여인들에 의해 아주까리나 동백기름 내음을 물씬 맡았던, 전성기 시절을 그리워하는지도 모른다. 이제껏 빗을 의식하지 못하고 지낸 나에게 서운함을 느끼는지. 앞뒤로 돌려봐도 매정할 만큼 냉랭하다. 마치 찾지 않았다는 투정처럼 보인다.

언제부턴가 문명이 발달함에 따라 대빗이 여인들의 손끝에서 밀려났다. 기계로 찍어 나오는 다양한 빗에 밀리어 나 역시 수제품을 잊어버리고 있었다. 파마를 하고부터는 플라스틱 빗에 길들고 말았다.

우리가 살아가는 인과관계는 빗의 날처럼 제 선을 지켜야 무난하다. 너무 성글어도 소원해지기 쉽고, 너무 가까이 붙으면 자칫 분간을 잘 못하는 수가 생긴다. 드문 일이기는 하지만 거리감 없이 친하게 지내다가 법정까지 가는 것을 봤다. 좋을 때는 간격도 사이도 가리지 않다가, 여차하여 한순간에 간격이 벌어지다 못해 뒤틀려버린 일이다. 그 점 또한 각자의 선을 지키지 못한 데서 오는 현상이 아니겠는가.

본 날은 실체라도 있지만 첨 날은 그 실체마저 없다. 첨 날은 형체가 없어도 본 날의 사이사이를 철저하게 지켰다. 빗살은 바늘 날 같아도 본 날이 첨 날에 붙지 않는다. 그것이 빗이 지닌 생명이다. 사람도 육체는 눈으로 보이나 마음은 형체가 없기 때문에 볼 수가 없다. 하지만, 사람과 사람이 소통하는 것은 육체가 아니라 눈으로 확인할 수 없는 마음이다. 겉으로 드러나지 않는 마음과 마음으로 관계가 이루어진다. 형체가 없지만 측정할 수조차 없는 게 사람의 마음이다.

빗이 자꾸만 눈길을 끌어당긴다. 그래 바로 이 간격, 본 날사이를 더도 덜도 아니게 일정한 간격을 유지하는 첨 날처럼.

접쇠

TV 화면에서 칼 만드는 과정을 보여준다. 불에 발갛게 달구어진 쇠에 망치질이 바쁘다. 탕탕 두드리는 소리에 내 가슴이 함께 뛴다. 그러면서도 눈을 뗄 수가 없다. 접일을 반복하는 과정을 보면서 정신이 화면으로 빨려든다.

대장간은 연장을 만드는 곳이다. 쇠붙이도 연장이 되어 누군가의 손끝에서 만져지려면 그 과정이 만만하지 않다. 쇠붙이는 불 속에서 자신을 녹이고 녹여가며 수없는 매질과 담금질을 겪어야만 도구로 태어난다. 대장간은 오래 사용하여 날이 무디어진 칼이나 낫을 벼려 주는 곳이기도 하다.

특히 칼은 고대 인류가 시작된 이래부터 생겨나지 않았을까. 사람들이 먹는 음식으로 인해 선사시대의 돌칼에서부터 청동을 거쳐 철로 바뀌었다. 칼은 여러 가지가 있으나 그중에서도 고대로 알려진 전설의 십자군 전쟁에서 사용한 이슬람의 특이한 '다마스쿠스 검劍'이 가장 유명한 명검이다. 칼의 표면에 나타난 특별한 결을 '우츠강' 무늬라고 한다.

두 철을 섞는 것이 접쇠다. 강한 성질의 철과 무른 성질의 철을 혼합하여 열 번이 넘게 불에 녹여서 두드리기를 반복한다. 접쇠를 하여 만든 칼은 담금질의 회수를 추가해 갈수록 자연스러운 무늬가 나타난다. 불에 지지고 달구어져 너와 내가 둘이 아닌, 한 몸으로 붙을 때까지 서로를 끌어당겨야 한다. 예리한 날이 서기까지, 물결무늬가 그려질 때까지. 두 철은 셀 수도 없는 고통을 당한다. 그것이 접쇠의 운명이다.

접쇠는 긴 시간 한없이 울어야 했다. 딱딱한 모루 위에서 감당해야 하는 고통을. 접히고 접힌 만큼 사투의 절정을 겪은 다음 진정한 접쇠만이 지닌 품격으로 태어나는 거다. 또 칼로서 최고의 상품으로 인정받는다. 하지만 그것이 접쇠의 운명이라 해도 너무 가혹하다.

접쇠로 만든 칼은 혹독한 고통을 겪은 대가인지 절삭력이 좋다. 이 또한 접쇠가 지닌 최고의 장점이라 볼 수 있겠다. 여느 쇠붙이들이 함부로 그릴 수 없는 기묘한 무늬를 지닌 덕분인지, 이 칼날은 휘어질망정 부러지지는 않는다. 부러지면 쓸 수가 없지만 휘어진 것은 두드려서 바로 잡아 쓰면 된다. 이렇게 되기에는 견고성을 더하는 강한 쇠와 유연성을 더하는 무른 쇠와 흐트러짐 없는 대장장이의 정신이 보태어진 조화다.

접쇠를 보니 성姓 과 성격性格 이 다른 남녀가 만나서 가정을 이루는 부부를 떠올리게 된다. 두 쇠가 섞여 자연스러운 무늬를 그려내듯이 사람도 남자와 여자가 만나야 가정을 이룰 수 있다. 남자나 여자나 혼자서는 역사를 이루지 못한다. 남녀가 함께하는 데서 일가를 이루며 대를 이어 나간다. 그리하여 인류의 규범이 생겨난 것이리라.

강한 쇠가 남자라면 무른 쇠는 여자다. 강한 쇠가 양이고 무른 쇠는 음이다. 강한 쇠가 하늘이라면 무른 쇠는 땅이다. 하기야 남자라고 다 강한 것도 아니고 여자라고 다 약한 것도 아니지만, 대부분이 그렇지 않은가. 양만 동해도 부러지기 쉽고 음만 동해도 늘어지기 쉽다. 세상천지에 하늘만 있고 땅이 없다면 동식물들이 살 수 없을 것이며, 땅만 있고 하늘이 없어도 마찬가지일 게다. 하늘과 땅이 공존해야 서로에게 필요한 것을 나누면서 생명을 잉태하여 낳고 크고 늙고 죽어 다시 태어나는 억조창생으로 이어지는 게 아니겠나.

음양이 만나서 몸을 섞고 살아가려면 쇠처럼 서로의 성질을 녹여야 가능하다. 한쪽이 열을 올리면 한쪽은 냉정해져야 열을 식힐 수 있다. 한쪽이 강하게 나오면 다른 한쪽은 유연해져야 부러지지 않는다. 불에 달군 쇠처럼 녹을 때도 있고 담금질을 당할 때도 있다. 부부도 접쇠처럼 서로를 품어야 가정에 파고가 일지 않고 웃음무늬가 그려지리라.

지나온 날 돌아보면 생각지도 않았던 일에 부딪혀 애간장을 무던히도 태웠다. 한 가문의 며느리로서 한 남자의 아내로서 마땅히 해야 할 일을 하지 못한 마음은 늘 불안하고 초조했다. 자식을 잉태하지 못했을 때는 인생 숙제를 하지 않고 미루어 놓은 것 같은 죄책감에 시달렸다. 남들은 수월하게 하는 일을 나만 그러는 것 같아 가슴앓이를 하다하다 순간순간 세상을 버리고 싶었다. 그럴 때마다 남편은 나를 토닥거려주었다.

남편과 살아온 긴 시간 속에는 휘어지려 할 때도 있었고 부러지려 할 때도 있었다. 그러나 우리 부부는 접쇠로 만든 칼처럼 휘어지기는 했으나 부러지지는 않았다. 여느 부부도 대부분 그렇겠지만, 부러지려 할 때마다 서로를 붙잡으며 떨어지지 않으려고 상대를 끌어당겼다. 더도 덜도 말고 접쇠같이.

되짚어보면 내 발자취는 접혔다가 펴졌고 다시 접히면서 생겨난 접쇠의 무늬 같을지도 모른다. 내 인생의 무늬는 반들거리는 스테인리스가 아니라 투박한 쇠가 담금질로 인해 우려낸 얼룩덜룩한 무늬. 세월의 파고를 넘어 내느라 부르트다가 아물다가 한 무늬. 일정한 간격이 아니라 삶의 결에 따라 그려진 무늬. 어쩌면 그것은 단순한 무늬가 아니라 몸과 마음으로 묵묵히 삭여낸 흔적이 아닐까. 애간장이 곪아 터져 아문 흔적일지도…….

지나간 시간은 누구나 잊어버리기 쉽다. 설사 살아온 날들이 잔혹했다 할지라도 지금은 추억으로 느껴진다. 지난 아픔은 때론 그리워지기도 하고, 한편으론 용했다 싶다가도 픽 웃음이 날 때도 있다. 그것 역시 내 인생의 무늬를 놓은 것이리라.

TV 화면은 아직도 대장간에 머물러 있다. 대장장이는 칼 한 자루를 만들기 위해 며칠이 걸렸는데 이제 마지막 '접일'이라고 한다. 접쇠로 만드는 칼을 불에 달군 후 모루 위에 놓고 망치로 세계 두드리다 여리게 두드리다가, 물에 넣었다 건진다. 눈앞에 바짝 대고 세심하게 들여다본다. 이내 흐뭇한 미소를 띤다. 칼 표면에 나타난 무늬에 만족함을 느끼는 표정이다.

나도 모르게 얼굴이 달아오른다. 심장이 쿵덕거리면서도 화면에서 눈을 뗄 수가 없다. 접쇠가 뿜어낸 무늬에는 내 삶의 그림이 배여 있다.

물미장

객주 문학관에 농기구가 가지런히 진열되어 있다. 다들 투박하면서도 고집스러운 그 시대의 사내를 닮았다. 지게 앞에 작대기 하나가 길게 누웠는데, 밑부분에 뾰족하게 박힌 쇠가 보인다. 지게와 작대기를 보니 평생 짐을 진 아버지의 삶에 가 닿는다.

한국전쟁 때 아버지는 군번도 없이 전장에 배치되었다. 낯선 골짜기에서 전우들이 하나둘 쓰러져도 아버지는 구사일생으로 살아 돌아오셨다. 전쟁이 휩쓸고 간 뒤라서 남은 것이라고는 기근과 상처뿐이었다. 식솔이 먹고살려면 산골짜기 비탈이라도 개간해야 했다. 물길을 따라 일구다 보니 천 평이 될까 말까 한 논이 자그마치 쉰하고도 다섯 다랑이나 되었다.

말이 좋아 논이지 기름진 밭보다 못했다. 계곡 가장자리를 따라 만들었기에 논바닥이라야 함지박만 했다. 가족에게 목숨줄과 같기에 아버지는 문전옥답으로 여기며 농사를 지었다. 살얼음이 녹기도 전에 못자리를 하고 나서부터 논으로 가는 날이 잦아졌다. 안방보다는 산골짜기가 편한지, 아버지가 논에 가지 않는 날은 밥에 뉘같이 드물었다.

아버지의 지게는 유난스레 높았다. 짐을 많이 싣기 위해, 지겟가지 중간을 가로지르는 까막서리 양쪽으로 다른 막대를 덧대 묶어 높이를 더했다. 그러고는 누렇게 익은 나락을 지게 위에 쌓아 올렸다. 우기가 감도는 날이면 베어놓은 나락이 비에 젖을세라 꼭두새벽부터 어두워질 때까지 집과 논을 오갔다. 멀리서 보면, 아버지는 보이지 않고 볏가리가 공중에 뜬 채 아슬아슬하게 움직이는 것 같았다.

골짜기에 있는 외딴집이다 보니, 밤마다 빨갱이들이 와서 괴롭혔다. 자칫 식구들에게 해를 입힐까봐 아버지는 집을 버리고 큰 마을로 이사하였다. 그리하여 애써 개간한 논과 멀리 떨어지게 되었다. 산모퉁이를 몇 개를 돌고 개울을 두 개나 건너야 논에 닿을 수 있었다. 가는 길은 오르막이라서 숨이 턱에 닿아 입에서 단내가 났고, 오는 길은 내리막이라서 산짐승에게 쫓기기라도 하듯 후르르 뛰어 내려왔다. 빈 몸으로 다니기에도 힘든 길이었다. 그런 길에서 나락을 지고 후들후들 다리를 떨던 아버지가 잠시 쉴 때는 지게가 넘어지지 않도록 작대기로 받쳐 놓았다.

아버지는 분답잖게 봄비가 오는 날이면 창고 앞에서 지게 만들기에 열중했다. 끌과 자귀로 뚝딱뚝딱 나무를 다듬는 소리가 늦잠 자는 내게 자장가처럼 들렸다. 지겟가지 두 개를 바로 세워 놓고 중앙에 세장을 붙여 몸체를 맞댔다. 정으로 지게 목발에 구멍을 뚫은 다음, 짚을 물에 축여 꼽꼽해지면 나무망치로 토닥토닥 두드려 등석을 엮어 붙였다. 어깨에 메는 미끈은 긴 머리를 땋듯 정성스레 땋아 지게에 달았다.

지게를 손보고 나면 아버지는 지겟작대기를 만들었다. 위쪽이 가위처럼 벌어진 나무를 골라 아버지의 키에 맞게 잘랐다. 겉을 매끈하게 다듬은 다음 송곳처럼 뾰족한 쇠를 끝부분에 박았다. 아버지는 빈 지게를 진 채 작대기로 땅을 몇 번 짚어보고는 흡족한 미소를 마당을 향해 뿌렸다.

작은 촉에는 자루가 들어가도록 둥글게 말아놓은 놀구멍이 없다. 슴베가 잘 들어가게 하는 괴구멍도 파지 않는다. 작대기 끝에 쇠를 박으면 그것이 물미장이다. 호미나 낫에는 힘을 받도록 테두리를 감싸주는 신쇠가 있지만 물미장에는 아무런 치장도 없다, 오직 있는 그대로 꾸밈없이 묵묵하게 삶을 지탱하는 내 아버지처럼.

아버지는 농사일밖에 몰랐다. 땀에 젖은 베적삼에 논 갈고 밭을 갈았다. 동이 트면 아침이 되고 해가 지면 밤이 오듯, 자고새는 일이 지겹지도 않은지 우직하게 일만 하였다. 밤이면 끙끙 앓아도 날이 밝으면 들로 나가는 일벌레가 따로 없었다. 오직 땅만 아는 샌님처럼 땅 한 뙈기 늘리는 일을 최고의 기쁨으로 삼았다. 그런 아버지는 일을 놓으면 밥숟가락을 놓는 것 같다고 여기셨는지도 모른다.

무거운 짐을 지고 일어날 때 작대기는 요긴했다. 촉이 땅에 쏙 들어가라고 아버지는 작대기에 힘주어 꽂았다. 그런 다음 한 손으로 작대기를 짚고 한 손으로는 지게 목발을 잡고 무릎을 천천히 세웠다. 비탈진 길에서는 작대기로 지탱하며 한 발 두 발 조심스럽게 내디뎠다. 발이 부르트고 다리가 아파도 묵묵히 버틴 아버지에게 지게와 작대기는 한 몸이었다.

아버지는 새벽이슬을 맞으며 길도 아닌 비탈 섶을 넘나들었다. 촉이 박힌 작대기로 땅을 짚으며 산속의 적요를 발걸음으로 사각사각 깨워가던 길, 아버지의 발바닥에 굳은살을 덧대게 한 그 길엔 이제 울울창창 숲이 우거져 있으리라. 산골짜기 하나를 길게 차지했던 논은 주인의 부재를 알까. 여름이면 어김없이 하얀 벼꽃을 피우는지 궁금하다.

가끔 작대기가 사립 안에 있으면, 우리 형제들은 그것으로 마당에 금을 그었다. 반대차기나 땅따먹기를 할 때 몸을 구부리지 않고 금을 그을 수 있었다. 물미장으로 그은 금은 밟아도 여간해서는 지워지지 않았다. 그뿐만 아니었다. 뒷밭에 독사라도 나오면, 화들짝 놀란 어머니는 김을 매다가도 촉이 박힌 작대기를 가져오라고 소리쳤다. 창처럼 뾰족한 물미장에게 죽임을 당한 독사는 개울가에 있는 가시나무에 연 꼬리처럼 걸리기도 했다.

삶을 배우는 데 일생이 걸리고, 죽음을 배우는 데도 그만큼 걸린다고 한다. 사람은 늙어야 사방이 보인다는 성인의 말이 있듯, 머리에 서리가 하얗게 내리고 나서야 아버지를 여러 면에서 볼 수 있었다. 노부모의 장남이었으며, 한 여자의 남편이었고, 여러 식솔을 거느린 가장이었다. 마을에서는 척박한 땅을 억척같이 일궈 옥토로 바꾼 농사꾼이었다. 아버지가 벼슬이 높아 권세를 내세우며 거드름을 피웠다면, 오늘 이처럼 애틋하게 기억되지 않을지도 모른다.

아버지도 아버지이기 전에 평범한 남자였다. 누구에게나 청춘은 소낙비 지나가듯 가버리는 것이고 보면, 아무리 바동거려도 살림에 주름이 펴지지 않으면 다 던져버리고 싶을 때도 있지 않았겠는가. 맛있는 음식을 보면 먹고 싶었을 것이며, 친구들이 요사스러운 자리에서 장단에 맞춰 가무를 즐길 때면 왜

휩싸이고 싶지 않았으랴. 약주를 좋아하는 옆집 아저씨처럼 취생몽사로 적당히 살아갈 수도 있겠지만, 보지 않고, 듣지 않고, 말하지 않는, 삼불 주의三不主義를 지켰기에 오늘 내가 있다. 그러고 보면 아버지는 가족을 위해서 어떠한 일도 뿌리쳤을 것이다.

철부지 때는 지게를 지고 다니는 아버지를 보고도 아무런 느낌도 들지 않았다. 나이가 들어가면서 아버지를 생각하면 가슴이 찡하다. 내 삶에 있어 이러한 기억의 화첩은 비밀의 유산이 아니었을까 싶다. 살면서 힘든 일에 부닥쳐도 옛 그림을 떠올리며 거뜬히 견뎌낼 수 있었다.

물미장을 가만히 바라본다. 연필심 같은 촉으로 기억을 다시 쓴다. 아득한 풍경이 연막처럼 퍼지다가 복통처럼 가슴을 내리누른다. 아버지의 삶이 납덩이같이 머릿속에 남아 무거운 공기를 타고 서서히 퍼진다. 평평한 일상이 아니라 자신의 뜻과는 상관없이 벼랑에서 피운 삶, 비탈길을 오르고 아찔한 낭떠러지 옆을 조심스레 걸어온 아버지의 삶이 전시관 유리 안에 박제되어 있다.

오늘 아버지의 삶을 다시 읽는다. 그 시절의 화첩을 몇 장 넘기다가 덮는데, 마음의 골짜기에서 아버지의 거친 숨소리가 들려온다. 꾸다 만 꿈처럼 손을 뻗어도 잡히지 않는….

상桑

시골 마을로 접어들었다. 곡선을 따라 돌담길이 이어졌다. 골목 모퉁이를 돌아가자 뽕나무 몇 그루가 겨드랑인 양 돌담을 끼고 섰다. 마치 마을을 지키는 파수꾼 같다.

어딘가에서 큰 소리가 울려 나온다. 윙윙 울리는 쪽을 살피니 뽕나무에 달린 푸른색의 스피커에서 나오는 소리다. 마을 통장이 주민에게 동정을 알리는 안내방송이다.

요즘 농촌엔 옛날과 달라진 게 많지만, 주민들에게 알리는 방송만은 그대로 정겹게 들려주고 있다. 나무 위에서 스피커를 통해 나오는 소리를 듣자, 이른 봄날 뽕나무가 새잎을 틔우듯 나의 기억은 뽕나무 가지 사이로 거미줄처럼 얽혀든다. 옛 어른들은 뽕잎이 돋아나면 누에를 쳤다. 누에가 고치를 만들면 실을 뽑아 명주를 만들었다. 명주 비단으로 의복이 발달하였다. 그로 인해 비단문화는 오랫동안 의복 중심 역할을 해왔다. 우리의 장구한 의복문화의 뒤안길에는 뽕나무가 있었다.

뽕나무를 두고 전해 오는 구전이 분분하다. 뽕나무에 대한 구전에는 "뽕도 따고 임도 따고"라는 말은 한 가지 일을 하는데 두 가지 효과를 본다는 일거양득이란 뜻이다. 이로운 일이 겹쳐진다니 좋지 않을 수 없다. 그것만이 아니라 '상전벽해'란 사자성어가 있다. 이 시대를 살아가는 우리에게 친숙한 언어가 되었다. 오랜 세월이 지나면 뽕나무밭이 푸른 바다가 되기도 하듯이, 환경이 크게 바뀔 수 있다는 세태의 흐름을 말한다.

중국 유비의 고향 탁현에도 천 년 묵은 뽕나무가 누각처럼 펼쳐져 있어 동네 이름을 누상촌이라 부른다고 했다. 중국에서도 뽕나무를 긴요하게 여긴 것이리라. 옛 어른들은 뽕나무가 많이 있는 곳엔 서기瑞氣의 기운이 넘친다고 믿어왔다.

어디 그뿐이랴. 뽕나무 '상桑'에 누를 '황黃'을 쓰는 상황버섯은, 약재로 쓰인다. 그 버섯도 뽕나무만큼 값어치가 있다는 뜻인가. 상황이 들어가니 그 이름만 들어도 으쓱해질 것 같다. 버섯의 종류가 다양하게 많지만 이름에 뽕나무 상桑이 들어가는 것은 상황버섯밖에 없다.

상황버섯을 피우는 나무라서 그런가. 뽕나무의 수명이 천년장수를 한다니 뿌리부터 심지가 깊을 터다. 그래서일까. 낯선 동네를 지나가다가 늙은 뽕나무가 서 있는 것을 보면, 역사가 오래된 고을이 아닌가 싶다. 무언가 재미있고 고상한 이야기를 품은 곳처럼 느껴져 그 마을에서 한동안 머물고 싶어진다.

내가 자랄 때는 울타리 사이에도 담장 사이에도 뽕나무가 널브러져 있었다. 구석진 모퉁이나 후미진 밭둑에도 뽕나무가 즐비했다. 그때는 모종을 정부에서 내주었다. 마을마다 이른 아침에 이장은 모종이 나왔으니 가지고 가라는 방송을 하였다. 그것은 바로 비단 나무로 여겼기에, 그저 조금의 공간이라도 있으면 뽕나무를 심었다. 앞집에도 뒷집에도 뽕나무가 없는 집은 거의 없었다. 늦봄이 되면 뽕나무 밑에는 아이들과 닭들이 맴을 돌았다. 성질이 급한 아이들은 오디가 익기도 전에 뽕나무 가지를 휘어잡기 바빴다. 덜 익은 오디는 시큼하고 잘 익은 오디는 먹고 나면 입 주위에 검은 수염이 나듯 까맣게 물을 들였다. 서로 쳐다보면 깔깔웃음으로 골목을 시끄럽게 만들었다.

경계도 없는 나의 기억이 바람같이 이리저리 넌출댄다. 이른 아침 이장의 안내방송이 끝난 뒤에는 언제나 정규방송처럼 "새벽종이 울렸네. 새 아침이 밝았네. 너도나도 일어나" 로 시작하는 노래가 골목골목을 돌아 외따로 떨어진 집까지 배달되었다.

소리를 흘려보내는 뽕나무가 어떤 묵시默視로 나를 붙들어 맨다. 내 의식 깊은 곳에서 묘한 심리가 부스스 일어난다. 뽕나무

상 '桑' 자를 생각하며 의문을 품는다. 상桑을 허공에 한 획 한 획 써본다. 또 우 '又'를 쓰고 또 그 밑에 또 우 '又'를 나란히 쓴 다음, 나무 목 '木'으로 마무리한다. 또 우又 변, 밑에 나무 목木 변이 든든하게 받쳐 준다. 나도 모르게 무릎이 탁 쳐졌다.

뽕나무 상桑자야말로 나무 위에 올라앉아서 우우우 나발을 부는 형상이다. 글자의 모양으로 따지면 나무 위에서 소리가 나는 것이 바람직하다. 팔자 도둑은 못 한다는 말을 대변이라도 하는지, 아니면 붙여진 이름자에 걸맞게 살기 위함인지, 스피커를 훈장처럼 매달고 사방으로 소리를 내보낸다. 우연한 일일까. 스피커를 왜 하필 뽕나무에 묶어 놓았는지 모를 일이다. 글자의 뜻에 맞추어 매달아 둔 것인지도 알 수 없다.

나발은 한두 사람이 아니라, 여러 사람이 모였을 때 육성으로 전달하기 어려워 나발을 설치하는 게 아닌가. 큰 뽕나무가 많은 동네라면 두레 문화를 기억해 볼 수 있다. 그렇다면 뽕나무 상桑 이란 문자 모양대로 스피커를 달고 있음이 마땅하다.

골목 바람 한 줄기 후하고 지나간다. 참새 몇 마리가 바람 따라 뽕나무 가지에 앉는다. 작은 꽁지를 털다가 나뭇가지를 옮겨 가며 짹짹거리면서 몸뚱이를 가볍게 움직인다. 더위에 지쳐 잎들이 한 잎 두 잎 떨어진 가지 사이로 새들은 제 맘대로 날아들었다가 날아간다.

뽕나무는 사람에게나 새에게나 냉정하지 않다. 우아함은 없으나 천박하지도 않다. 화려하지 않으나 후덕함을 지녔고 세련되지 않으면서 신비함이 깃들였다. 뽕나무가 있었기에 누에를 쳐서 실을 뽑아 비단을 만들 수 있었고, 비단으로 하여 의복을 지었으며, 의복으로 인해 아름다울 수 있었다. 그렇게 아름다워서 사랑할 수 있었으며, 사랑이 있어서 인간이 성스러울 수 있었다. 나무가 인간에게 베푼 인정은 값으로 따질 수 없으리라.

구전口傳에 누에고치로 만든 명주 저고리만 입어도 그 훈기가 사촌에게까지 전해진다고 하였다. 명주가 얼마나 포근하고 따스하면 그런 말이 생겼을까. 사람에게 많은 베풂을 주는 뽕나무 앞에 섰다. 뜨거운 햇살도 아랑곳하지 않고 나는 선 채로 생각에 잠겼다. 여태껏 자연에 대한 촉감을 알려고 하지 않았다. 내리쬐는 햇볕을 받고 서 있는 나무의 마음을 다 읽지 못하고, 이마 위의 짧은 머리카락 끝을 스치는 미풍의 마음도 다 느끼지 못한다. 따사로운 햇살과 부드러운 바람은 어디쯤 가서 머무는지 아무것도 알지 못하고 있다.

푸른 풍경이 넉넉하게 펼쳐지는 농촌, 사람들의 인심만큼 풍성한 뽕잎 사이로 어릴 때의 숨결이 낮달처럼 걸려 있다. 나의 기억과 의구심을 매단 뽕나무는 주어진 글자에 책임이라도 지듯이, 먼 세월을 안고 우우우 소리를 내는 스피커를 이고 있다.

벅수

바다에 멱을 감고 나온 해님이 눈부시다. 바닷가의 늦여름 햇살은 가열하리만큼 따갑게 어촌을 더듬는다. 은하수를 길어다가 병기를 씻었다는 통영 세병관 입구다. 왜군이 바다를 진격해 오던 그때를 생각하면 아직도 마음이 안 놓이는지, 첫 들머리 우측에 수문장이 지키고 섰다.

수문장은 얼굴 길이가 키 높이의 반을 넘게 차지했다. 검은 망건 아래 이마에는 주름이 두 줄로 잡혔고 동그란 두 눈이 툭 튀어나왔다. 삼각형의 뭉툭한 코가 얼굴 중앙을 방대하게 차지했으며 U자형 입이 인상적이다. 양쪽의 송곳니가 바깥으로 턱 끝까지 뻗쳤다. 짐승 이빨같이 튀어나온 송곳니가 섬뜩하다. 어느 귀신이라도 봤다 하면 천리만리 도망을 칠 것 같다.

얼굴에 붉은빛이 감도는 보기 드문 채색 석장승이다. 화강암으로 된 장승의 몸체 뒷면에 음각된 문구가 '동락동립同樂同立'이 뚜렷하다. 이렇게 새긴 문구는 지역민들과 생과 사死를 함께하자는 뜻일 게다. 그런 연유에서일까. 백 년이 넘도록 자리를 지킨다. 대부분 장승은 나무로 만들었는데 이곳은 왜 돌로 세웠는지 의문이 인다. 갯마을이다 보니 풍랑이 덮쳐도 끄떡없을 돌로 만들었는지도 모르겠다.

이곳에서는 장승을 벅수라고 부른다. 통영은 동남쪽의 허한 기를 막아야 생기를 펼 수 있다는 풍수지리설이 나돌았다. 그에 의해 주민들이 한푼 두푼 추렴을 해서 돌 벅수를 세웠다. 일 년에 두 번씩 음식을 차려 놓고 제사를 지내왔다. 동네 어른들이 큰 옷을 갖춰 갓을 쓰고 액운을 막아달라고 정성을 다해 빌었었다. 하지만, 일제 강점기에 와서 단절되고 말았다.

장승은 대개 나무로 만들어서 마을 입구에 세운다. 나쁜 마음을 품은 요물이나 액운이 마을에 침범할까봐 방패막이로 장승을 세웠다. 여느 장승이라도 쳐다보면 무섬증이 든다. 눈을 부릅뜨고 선 장승, 입을 크게 벌리고 닥치는 대로 집어삼킬 듯한 장승, 고개를 한쪽으로 돌려서 바보처럼 혀를 내민 장승 등이 있다. 하기야 전염병이나 떠도는 요귀, 잡귀들을 몰아내려면 인상이 마냥 좋아 보여도 안 될 일이다. 무섬증을 주는 장승이 대부분이지만, 자세히 보면 그런 표정에서도 어딘지 모를 정감을 읽을 수 있다.

옛 선조들은 대문에서부터 나쁜 액운을 막아주는 수문신, 방문 앞에는 가시가 돋친 엄나무 가지를 걸어 두었다. 방안의 대들보에는 성주신, 아랫목에는 아기를 점지해 주는 삼신, 부엌에는 조왕신이 있다 믿었다. 그뿐만이 아니다. 측간 (화장실)에는 주당 신이 있어, 어린아이들이 발을 헛디뎌 빠지거나 넘어지면 주당 신이 노했다고 여겼다. 떡을 해 놓고 주당 신에게 빌었다. 그 떡 이름이 '똥 떡'이다. 혹 뒷간 출입을 하다 돌아가는 사람이 있었다. 그런 경우에도 마당에 죽은 사람을 눕혀 놓고, 상주가 지팡이를 짚고 애곡을 하며 일곱 바퀴를 돌았다. 주당 신이 잡아간 사람은 그렇게 해야 남은 식구에게 후환이 없다고 하였다.

그런 것만 봐도 신앙과 주술을 함께 믿었다. 가족에게 우환이 있으면 부처님께만 비는 게 아니라, 산기슭의 큰 바위 밑에도 촛불을 밝히고 혈육의 건강을 기원했다. 자식의 입신양명을 위해서 산에 가며 산신님께, 물에 가면 용왕님께, 달을 보며 달님에게, 별을 쳐다보면 북두칠성님께 빌어 왔다. 날이 가물어도 명산에 기우제를 지냈다. 마을 어귀에 선 한 그루의 나무에도 금줄을 치고 동네 사람들이 함께 예를 갖추었다.

곳곳에 신을 두었고 신에 대해 경건한 마음을 가짐으로써 온

순한 심성이 배여 있었다. 특히 장승을 무섭게 세운 뜻은 여러 모로 추측된다. 위엄과 해학을 나타낸 점은, 사람의 눈에 깊이 각인되라는 뜻도 있을 것이며, 무서움을 주어 죄의식을 각성하라는 면도 있으리라. 장승은 보는 이마다 다른 느낌을 보인다나. 죄를 지은 사람이 쳐다보면 무섭게 보이고, 유머가 많은 사람이 보면 친근감 있게 보인다고 한다. 그런 것을 보면 모든 게 인간의 마음에 달렸다. 사람들이 나쁜 마음을 먹지 말라는 뜻으로 수시로 드나드는 동네 입구에 장승을 세운 것이리라. 술에 거나하게 취한 사람도 장승 앞에서는 머리를 쩔쩔 흔들며 정신을 곧추세우지 않았을까. 누가 지켜볼 때와 지켜보지 않을 때와는 심리가 다르지 싶다. 그러므로 장승은 사람들에게 자신을 돌아보며 각성하라는 상징물이 아니었을까.

이 벅수는 사람들을 어떻게 바라볼까. 특히 통영은 바다로 인한 난의 격랑기를 겪은 지역이다. 지나는 이의 내면을 명경처럼 꿰뚫어 볼까. 세병관을 찾는 이들에게 역사의 흔적을 찾아줘서 엄청 고맙다고 여길까. 그 점이 오늘따라 궁금하다. 얼굴만큼이나 속내도 다양할 터이다. 남을 도와주는 봉사자, 성직자, 어진 사람을 보면 존경의 마음으로 바라보지 않겠나. 거짓말쟁이, 사기꾼, 남의 영토를 뺏으려는 무뢰배, 피붙이를 죽이는 괴물들, 벅수는 이들을 보고는 비웃지 싶다. 도리에 벗어났다고 혀를 쯧쯧쯧 차는지도 모른다. 인간이 아니면서 인간 형상을 한 자신이지만, 인간이면서도 인간의 본성을 시시로 망각하는 너희가 도깨비가 아니냐고 할지도 모를 일이다.

요즘은 국경을 넘어온 외국인들까지 세병관을 찾는다. 검은 피부, 백색 피부, 파란 눈, 노란 눈, 낯선 언어들이 재잘댄다. 그중에서 일본인들이 가장 많다고 한다. 일본인을 대하면 벅수는 어떨까. 얼굴이 더욱 불콰해질까. 선조 임금 때 칠 년 동안 임진왜란을 겪은 것을 회상하면 저 큰 눈의 동공이 부릅뜰 터이다. 거친 삼베 쪼가리로 만든 상보처럼 우둘투둘한 얼굴이 더 험상궂어지는지도 모른다. 아니면 보란 듯 나라의 존存을 내가 지킨다고 덤덤하게 서 있는 지도…….

왜 사람들은 돌덩이 하나에도 부유하는 영혼을 막아줄 거라고 믿는 걸까. 뭣 때문에 두 손을 모아 허리를 굽혀 절을 올리며 신봉해 온 것일까. 하나의 돌도 벅수라는 이름을 달고 나면 돌이 아니다. 하나의 무생물도 인간으로 인해 격을 얻으면 수호자가 된다. 무생물에도 격을 불어넣음으로써 사람을 지키는 감시자가 된다. 오랜 세월을 거쳐 오니 미신이나 주술도 아름다운 문화로 남는다.

세병관은 임란 때 병사들이 나라를 지키기 위해서 칼을 썼고, 그 피 묻은 칼을 씻은 곳이다. 칼을 씻을 때의 심정은 두 번

다시 칼을 쓸 일이 없게 빌었을 터이다. 산과 물이 변함이 없듯이 나라의 태평도 영원히 변하지 않고 무한하기를 바라지 않았으리.

바다의 파도도 낮잠을 잔다. 잔잔한 바다를 이용해서 적선이 쳐들어오지나 않을까. 벅수는 그런 점을 염두에 새기고 오늘 같은 날이면 저 두 눈이 더 커졌는지도 모른다. 졸고 있는 물결 위에 갈매기가 날아든다. 갈매기 떼는 왜선을 몰아내기 위한 전투용 비행기처럼 푸른 다도해를 빙빙 돈다. 벅수의 눈동자는 깜박임도 잊은 채 바다를 주시하고 섰다.

타루산

경의선을 탔다. 물결도 한숨을 쉬며 흘러가는 임진강이다. 옛사람들이 자유롭게 지나다녔을 임진강의 파괴된 교각들이 보인다. 기둥은 지난날의 상처를 안은 채 시린 강물에 발목을 담그고 섰다. 기차는 긴 한숨을 토하며 도라산역에 닿았다. 철길 위에 빨간 테두리를 두른 둥근 원안에 흰빛으로 된 작은 원이 그려져 있다. 작은 원안에 검은색으로 쓴 '정지'라는 문구가 눈에 확 띈다. 더 갈 수 없다는 검은색의 단 두 글자가 의미심장하다.

거리를 보면 도라산역에서 서울까지 56킬로미터이며, 평양까지는 205킬로미터이다. 멀지 않은 거리이건만 소통이 불가능한 현실을 직시하라는 듯, 하늘에 떠도는 구름마저 냉랭한 분위기를 머금었다. 구름은 희끄무레한 빛으로 메밀묵을 채썰

어놓은 놓은 것처럼 층계 층계로 떠 있다. 그 사이로 해가 숨바꼭질하듯 나왔다가 숨었다가 변덕을 부려댄다. 우중충한 빛을 띤 구름은 북으로 흘러가다가 어느새 도라산 위에 머문다. 북쪽으로 더 이어지지 못한 레일이 구름과 해님을 번갈아 쳐다보고 있다. 저 구름은 이념이 없기에 이쪽 저쪽을 넘나드는 것인가.

도라산에 올랐다. 도라산은 고려에 항복한 신라의 경순왕이 패망한 왕국을 개탄하며, 산마루에 올라서서 서라벌을 향해 눈물을 뿌렸다는 산이다. 조선중기의 명장인 이순신 장군이 돌아가고 난 후 그의 부하들이 비를 세웠다. 장군의 덕을 기리며 눈물을 떨구었다는 타루비가 여수에 있듯이, 도라산은 경순왕 외에 지금까지 숱한 사람들이 와서 눈물 흘리는 산이기도 하다. 본향이 저 철조망 너머 있는 사람들은 이 산에 올라 북쪽을 향해 눈을 떼지 못한 지도 이미 오래되었다.

도라산 정상에 서서 북쪽을 보니 바로 아래에 철조망이 둘러쳐져 있다. 엎어지면 코 닿을 거리에는 개성공단이 손에 잡힐 듯하다. 불가항력적인 것은 동서로 250킬로미터로 둘러쳐진 철조망도 아니고 가다가 뚝 잘려버린 침목 위 레일도 아니다. 서로 다른 이념 때문이다.

내가 태어나기도 전에 한국전쟁 이후에 휴전선이 그어졌다.

그때부터 동토의 허리가 묶였다. 사람도 허리를 묶어 놓으면 마음대로 활동할 수 없듯이 지형도 그와 마찬가지가 아니겠는가. 몸통을 고정해두었으니 혈이 자유롭게 통하지 못한다. 세계 어느 나라이든 나라마다 국경선이 있지만, 그 국경선은 드나들 수 있다. 반면에 휴전선만은 누구도 마음대로 넘나들 수 없다. 같은 민족이 하나가 되지 못한 가혹한 형벌을 한숨만 쉬며 바라만 볼 뿐이다.

계절이 수없이 바뀌어 가는 동안에도 레일과 철조망은 변화무상하다. 야문 철이건만 지칠 대로 지쳤는지 까맣게 그을려서 게슴츠레하다. 선로 위의 레일은 얼마를 침묵해야 할 것이며, 철조망 역시 얼마큼을 더 서 있어야 하려나. 천지가 선천 개벽을 한다면 부동자세에서 움직이게 될까. 비무장지대를 지나는 바람이 포효를 하고 그 위에 떠 있는 구름이 혹독한 정사를 하여 이곳이 물바다가 되어야 걷혀질 수 있을까.

도라산역이 우리의 마지막 역이 아니라 평양을 지나 유럽까지 계속 이어지기를 바란다면 과대망상일까. 실크로드를 잇는 길이 되기를 비단 우리나라뿐만이 아니라 세계인류가 다 같이 바라는 바이리라.

어느 임이 좋은 날 좋은 시에 휴전선에 두른 철을 걷어내면 좋겠다. 걷어낸 철을 포항제철 용광로에 넣어 매끈한 레일로 다시 태어난다면 더없이 좋겠다. 하물며 철조망도 이왕이면 같은 위치 그 자리에 놓여 있어도 기적 소리 벗을 삼는 기찻길이 되는 것을 좋아하지 않을까. 그렇게 된다면 백두산 천지가 눈이 시리도록 푸른빛을 발휘할 것이며, 한라산 백록담이 흰 사슴을 타고 흥에 겨운 춤을 너울너울 추리라. 그 춤사위에 여태껏 쌓인 한반도의 체증이 싹 내려가지 않을까.

신라의 패망에 수치심을 안고 울면서 도라산을 지나 금강산에 들어가서 삼베옷만 걸치다 생을 마감한 마의태자. 왜적의 침략에 노쇠한 몸으로 일천 명이 넘는 승병을 이끌며 전선에서 맞서 싸운 서산대사. 그와 함께 이 땅을 지키려 무명옷에 짚신 발로 싸우다 초개처럼 쓰러져간 민병들. 한국전쟁 때 이름 모를 골짜기에서 장렬하게 전사한 젊은 병사들.

"눈 덮인 들판을 걸어갈 때 함부로 걷지 마라. 오늘 내가 걸어간 발자국이 뒷사람의 이정표가 되리라"는 어느 시구를 생각하며 훗날을 위해서 삼팔선을 베고 누워서라도 분단을 막으려고 갖은 애를 쓴 김구 선생. 무엇을 얻기 위해 그들은 하나밖에 없는 목숨을 아끼지 않고 한낮의 바람처럼 쓰러졌는가. 가당치도 않은 이 철조망을 치기 위해, 이 경계선을 긋기 위해 그들이 그렇게 싸웠겠는가.

상처 입은 자가 남긴 피에는 고통이 따르고 죽은 자가 남긴 피에는 원이 박힌다고 한다. 만약에 기차가 남북으로 오간다면 그들의 혼이 기차의 경적에 일제히 일어나 뜨거운 눈물을 흘리지 않을까. 아니면 형체 없는 몸으로 허공을 날아 기차에 탑승할지도 모른다.

휴전선으로 인해 우리가 잃은 것은 말로는 다 헤아릴 수 없다. 하지만 얻은 것이 하나 있다. 그것은 자유를 향한 정신력이다. 이런 상황에서 우리의 자세가 어떠해야 하는지. 나라에 대한 중요성을 일깨우는 데 있어 이보다 더 실감나는 이론은 없을 터다. 이런 현실이 부끄럽지만 세계에서 하나밖에 없는 현장이다. 우리는 허리에 두른 철 띠, 경계선 아닌 경계선을 지워야 하는 남은 숙제가 무겁다.

날이 저물어 온다. 철조망도 가뭇가뭇 졸고 있다. 어두워지는 하늘가로 새들만 줄을 지어 날아갈 뿐이다. 달도 이지러진 그믐밤이 되면 남과 북을 넘나들며 노닐던 새들마저 제각기 침소로 들어가고 나면 적막도 숨이 막혀 기절을 할 것 같다.

겨울 계곡이 봄을 맞아 언 물이 풀리듯 어느 날에 허리에 묶인 철끈이 풀어진다면. 많은 사람이 안도의 한숨을 내쉴 터이며, 이산가족들이 떨어진 피붙이 생각에 타루산墮淚山에 올라 눈물 뿌리는 날도 없으리라.

이 도라산역이 우리의 최남쪽 목포역에서, 부산역에서 러시

아를 거쳐 유럽까지 횡단할 수 있는 노선으로서 사람 사는 이야기로 왁자지껄할 수 있다면.

회귀

친정 숙모가 아기가 되었다. 기저귀를 찬 채 누워만 있다. 숙모는 뇌경색에 치매까지 들어 스스로 할 수 있는 거라고는, 머리맡에 붙은 벨을 누르는 게 고작이다.

숙모는 꽃봉오리 때에 시집을 왔다. 아이 둘을 낳고 삼촌이 입대했기 때문에 몇 년간 혼자서 가정을 이끌었다. 학자도 아니면서 농사일도 제대로 할 줄 모르는 삼촌과 함께하는 삶이 유연하지만은 않았다. 이런저런 파고를 겪으면서도 자식 넷을 남부럽지 않은 사람으로 키웠다. 자식들을 결혼시키고 나서 삶에 여유가 생기는가 싶었는데, 덜컥 병마가 들이닥쳤다.

처음엔 삼촌이 돌보았으나 얼마 못 가서 지쳐버렸다. 자식들도 멀리 있다 보니 정성을 다하지 못했다. 하는 수 없이 병원신세를 질 수밖에 없었다. 자식들의 상황을 이해 못했는지 숙모는 식구들이 찾아가면 고개를 돌렸다. 안타까운 마음에 손이라도 잡으려고 하면 애써 뿌리쳤다. 고운 정도 미운 정이 되는 게 인지상정인가 보다.

숙모의 삶도 다른 사람과 다르지 않았다. 소통하기 위해 말을 익혔고 밥을 얻기 위해 일을 했다. 개미처럼 일한 덕에 남에게 손을 벌리지 않아도 될 만큼 노후 준비도 다 해 놓았다. 그러했기에 몸을 돌볼 겨를도 없었다. 건강의 때를 놓치고 치매만 붙들었다.

인간은 태어나 여러 단계를 거친다. 처음에는 네 발로 기어 다니다가 두 발로 걷는다. 하지만 삶에 욕망을 채울 때는 달음박질을 하듯 열심히 뛴다. 그 시기가 지나가면 허리가 굽어져 지팡이에 의지하게 된다. 몸이 점점 퇴화하면 보행 보조기에 의존한다. 더 이상 몸을 지탱하기 어려우면 어미 손을 기다리는 아기처럼 되어간다.

인생에서 삼 할은 성장하면서 보내고 나머지는 늙어간다고 한다. 늘 푸른 시절일 줄 알지만, 인생의 관문을 하나씩 지나다 보면 어느새 중년의 고개를 넘는다. 마음은 청춘 같으나 늙는 속도는 점차 빨라진다. 그 속도를 부정하고 싶지만, 세월의 더께는 숨길 수 없다.

한때는 나는 한 번 들은 이야기는 구구단 외우듯이 줄줄 외웠다. 전화번호는 따로 적어두지 않아도 쉬이 잊지 않았다. 황구를 거쳐 중로를 지나자 때론 요일을 착각하기도 하고 날짜를 혼동하여 일을 그르치기도 한다. 새로운 정보를 머릿속에 담아도 사흘을 넘기면 흩어지고 만다. 먼 과거 일만 어제 본 듯 생생할 뿐 금방 해야 할 일을 잊어버리기 일쑤다.

요즘에는 여행도 썩 내키지 않는다. 얼마나 걸어야 하는지 겁부터 난다. 긴 시간 앉았다가 일어서면 몸의 균형이 반듯하지 않다. 나름대로 재빠르다 싶지만 동작은 굼뜨기만 하다. 비라도 오려고 하면 몸이 먼저 알아차린다. 기상대 예보는 틀려도 내 몸의 예보는 빗나가지 않는다. 나 또한 세월 앞에서 직립이 조금씩 무너지는 것을 느낀다.

걸어온 길을 객관적 거리를 두고 조명해 본다. 욕망에 흐려져 분수를 벗어나지는 않았는지, 나이에 걸맞은 정도를 걷고는 있는지, 생각하고 생각할 일이다. 어느 날 갑자기 돌아갈 날에 다다르면 우두망찰하지 않기 위해서라도 애써야 할 내 몫이다.

요즘은 백세시대라고 한다. 오래 사는 것도 좋지만, 얼마나 건강하게 사느냐가 중요하다. 오십대부터 팔십대까지는 팍팍한 삶에서 벗어나려고 무던히 애를 쓴 세대라고 해서 '오팔족'이라는 단어가 생겼다. 그런가 하면 구십 구세까지 팔팔하게 살자고 해서 '구구 팔팔'이라는 말이 회자되기도 한다. 이런 말에 솔깃한 건 나 또한 성장기와 중년기조차 보냈기 때문이리라.

우리 민족에겐 전통적인 믿음이 있다. 탄생을 '오다'라고 한다. 인간의 길흉화복을 관장하는 건 칠성별이라고 믿어왔다. 몸은 어머니의 자궁에서 나왔지만, 생명은 신성한 칠성이 점지해 준다고 믿었기에 아이를 낳으면 대문에 금줄을 쳤다. 한 칠을 이레로 정하고 일곱 칠을 지난 다음에 금줄을 걷었다. 칠을 다 보낸 뒤에야 산모나 아기나 외인들과 출입을 트도록 하였다. 이런 의식을 거친 뒤 부모는 아이를 정성을 다해 길러낸다. 널리 인간을 이롭게 한다는 홍익인간은 이러한 세계관에서 나왔고 나 또한 그것을 배웠다.

대소사가 있으면 칠성별에 고하고 안녕을 빌었다. 고사를 지낼 때 돼지머리를 놓는다. 돼지머리에 있는 눈, 귀, 코, 입, 일곱 개의 구멍이 북두칠성을 상징한다. 그렇게 칠성을 믿고 의지하며 살다가 죽으면 몸을 일곱 군데 묶는다. 마지막 집인 관에도 별 일곱 개를 그려 칠성판이라 하여 그 위에 눕힌다.

이러한 믿음은 말에도 영향을 미쳐 우리는 죽음을 '돌아가다'라고 한다. 죽음은 소멸이 아니라 영혼의 고향으로 돌아간다는 우리네 세계관이 얼마나 큰 위안인가. 죽음은 끝이 아니라 다음 생을 기약하는 의례라 여긴다면 두렵게만 여기지 말아야 할 터이다. 어쩌면 우리네 생은 시작도 끝도 없는 것인지도 모른다.

숙모가 나를 쳐다본다. 심지 닳은 호롱불처럼 간간이 껌벅거리는 눈 밑에 물방울이 고였다. 건강했던 지난날이 유등처럼 일렁거린다는 표현인가. 어쩌면 돌아갈 날이 다가오는 것을 알고 온몸으로 토해내는 마지막 점액질인가. 숙모도 지난한 여정을 마치고 다시 회귀回歸하여 좋은 인연으로 만나지면 좋겠다.

낭산에 올라

누각 구름이 자주 피어오르던 낭산狼山이다. 산허리가 잘록하며 양쪽으로 각각 봉우리를 이루었다. 아침의 안개는 산의 모습을 쉽사리 내보이지 않으려고 낮게 깔렸다. 초입부터 소나무들이 융성하던 역사를 머금은 산답게 처연하다.

부드러운 능선을 따라 오르니 선덕여왕의 능이다. 마음을 가다듬어 참배를 하고 능을 돌았다. 아랫부분에는 능을 보호하기 위하여 자연석으로 2-3단의 축을 쌓아 비바람에도 흘러내리지 않도록 해 놓았다. 봉분은 마치 작은 산봉우리를 옮겨 놓은 듯하다. 능을 돌다 청설모가 오르락내리락하는 소리에 고개를 들어보니 나무들이 사뭇 신기하다.

나무나 꽃들이나 태양의 기운에 따라 가지를 뻗는 게 식물들의 본능이다. 하지만 여기 낭산의 소나무들은 하나같이 능을 향하였다. 능 뒤편의 나무들이야 남쪽에 있는 능을 향하는 것이 응당하다. 하지만 능의 좌우와 앞쪽에 있는 나무까지 모두가 능을 향하여 읍을 하는 것 같다. 뻗은 나무들이 사극 드라마에서 본 문무백관들이 왕을 향해 문안을 드리는 형상이다.

역사를 돌이켜 보면 선덕여왕은 봄을 기다려 핀 꽃처럼 고귀한 인품을 지녔었다고 한다. 덕과 지혜와 향기를 함께 갖추었다 하니 천향국색이라 해도 과찬은 아닐 터. 그래서 '지귀설화'가 생길 만큼 남성들이 그를 사모했던 것이다.

사모하는 마음을 떨쳐 버리지 못하고 사후에나마 바라보고 싶어서일까. 이름과 같이 '덕 만'을 베풀어서 고마움을 나무들이 표현하는 것인가. 사후이지만 그의 향기에 이끌려 능을 향해 서 있는 것일까. 그도 저도 아니면 한 번 섬긴 마음은 일편단심 변하지 않는 신라 충신의 혼들이 모여 있는 것인지도 모를 일이다.

여왕의 삶도 되짚어보면 화려했던 것만은 아니었다. 재위 당시 닥쳐오는 난들이 많았었다. 그 난들을 피할 수 없었다. 시시로 난을 겪으며 한 시대를 이끌기란 쉽지 않았을 터이다. 그러나 자비를 행하고 지혜가 뛰어났다고 알려졌다. 그런 것을 보면 예나 지금이나 군주라는 자리가 물속에 떠 있는 달을 건져내는 것처럼 어렵고도 조심스럽다.

우연이라 하기에는 기이하다. 말이 통하는 사람이라 할지라도 동서남북에 있는 모든 이들이 어떻게 다 같이 저렇게 할 수 있단 말인가. 그것도 춘하추동 푸른 잎을 달고 장수를 상징하는 소나무들이다. 누가 강요를 한 것도 아니다. 분재처럼 철사로 묶여 비틀었거나 새끼줄을 쳐서 잡아당기지도 않았는데 천출로 저렇게 되어 있다. 더욱 희한한 것은 능에서 몇 발자국 앞에 있는 소나무다. 이 나무가 본래의 단단한 특징은 간데없고 마치 버들가지처럼 유연하다. 나무의 굵기는 우산대처럼 가늘다. 그 윗부분에는 푸른 잎으로 큰 원을 만들었다. 흡사 큰 우산을 펼쳐 든 것 같다.

아무리 봐도 왕이 행차할 때에 쓰는 일산日傘을 연상케 한다. 일산 모양을 한 나무는 능의 주인이 출타하기를 기다리는 모습이다. 혹 햇볕이 따가운 날이면 저 큼직한 푸른 일산을 받쳐 줄 자세다.

선덕여왕은 예지력을 가진 분이 틀림없다. 자신이 죽으면 도리천에 묻어 달라고 유언을 했다고 한다. 익히 신령스러움을 지닌 산을 알아보고 이 산을 일으켜 수미산 위에 있는 도리천이라 불렀다고 하였다.

오늘에야 자세히 보니 왕의 예언대로 여기가 도리천이다. 말도 못 하는 나무들이 천 년이 흐르는 동안 백관처럼 둘러서서 능을 지키고 섰다. 또다시 몇 천 년이 흘러갈지 모른다. 능에는 문인석이나 무인석 하나 세우지 않았다. 여느 왕릉에나 다 있는 난간석도 아예 없다. 그래서 나무들이 무인석을 대신하여 군주를 보호하려는 마음에서 어깨를 나란히 하여 능을 에워싸고 있는지도 모른다.

덧없는 게 세월이고 더 덧없는 것이 관록이긴 하나, 선덕여왕은 자신을 포위하며 서 있는 나무를 보며 지난 삶의 자부심을 가지지 않을까. 영혼이 있다면 정녕 유유히 흘러간 시간이 허망하지만은 않다고 느끼리라.

능을 향한 나무들을 쳐다보니 존경심마저 든다. 산에서 내려오면서 뭐니뭐니 해도 '덕' 만 한 것이 없다는 것을.

3부

박다위와 조이개

내乃

오월의 햇살이 짙어 온다. 나무 그늘 벤치에 기대어 땀을 식힌다. 샛길로 걸어오는 할머니를 무심결에 바라본다. 가까이 다가올수록 이목구비가 뚜렷하고 피부도 고운 분이 지팡이를 짚었다. 외모는 눈에 확 띄건만 허리는 기역자가 되었다. 눈부신 목련 꽃이 빨리 시들어버리는 것처럼 할머니의 차림새나 얼굴에 비해 지팡이가 이르다 싶다.

등이 굽은 할머니가 지팡이를 짚고 앞을 지나치는 순간, 머릿속에서 뭔가 번개같이 스친다. 지팡이를 짚은 모습이 내乃자의 형상이다. 자세히 볼수록 내乃자와 흡사하다. '이에 내' 는 어조사 내로서 이내, 곧, 비로소 라는 부사이다. 이 말은 무엇으로부터 무엇에 이르기까지 그 중간을 생략하고 그러그러해서 어찌되었다고 풀이할 때 이어지는 말이다.

어찌 보면 내乃란 문자가 엄지손가락을 치켜든 모양 같기도 하다. 흔히들 최고라는 말 대신에 엄지손가락을 세워 올린다. 주먹을 쥐고 엄지를 세우는 제스처는 어떤 일을 가장 잘했다는 표현이다. 그렇다면 내乃에는 분명 그럴 만한 뜻이 내포되었으리라. 세상의 이치를 많이 깨달으면 무게에 눌려 허리가 굽는다고, 그 모습을 그대로 본뜬 걸까.

사람이 태어나면 꼬물꼬물 기다가 걸음마를 배운다. 걸음마를 배울 때 넘어지지 않으려고 뭣이라도 잡아야 일어선다. 벽이나 책상 모서리를 잡기도 하고 하다못해 탁자의 발을 잡고서라고 일어서려 용을 쓴다. 그 아이가 나이를 먹으면 다시 허리가 굽어 지팡이를 짚게 된다.

낮에 뜬 반달같이 외로이 걸어가는 할머니에게서 눈을 뗄 수가 없다. 앞을 향해 걸어가다가 지팡이를 단단히 쥐고 서 있는 자세. 내乃자의 첫(丿)획은 지팡이를 의미하고, 두 번째 (㇌)획은 움직이는 허리와 다리를 나타냈다. 이 두 획에서 세상의 이치를 가름한다. 나는 목을 쭉 앞으로 내밀며 시선을 고정시켰다. 저렇게 되기까지 많은 일을 했으리라. 자식을 낳아 키우고 가정을 이루었으며 그 가정들이 모여 가문을 형성했을 것이다. 그 일가들은 인재양성에, 산업전사에, 나라 부흥에 이바지했을 터다. 그들의 노고가 없었다면 한국전쟁을 당하고 나서, 길지 않은 세월에 세계의 경제대열에 어깨를 나란히 할 수 있었겠는가. 허리가 휠 때까지 삶의 주역主役으로서 주어진 책임을 다한 진정한 승리자처럼 보인다. 은근한 동정심이 인다.

햇살이 더듬더듬 걷고 있는 할머니의 치맛자락에 휘감긴다. 세월에 바래지고 마모된 허리를 지팡이에 의지해서 걷는 모습이 내乃자가 일렁거리는 것 같다. 구부렁한 할머니의 허리에서 하늘의 뜻과 땅의 뜻이 느껴진다. 바라지 않아도 되는 것이 자연의 뜻이고, 부르지 않아도 찾아오는 것이 자연이다. 물론 사람마다 차이점은 있겠으나 나이가 들면 지팡이를 짚게 된다는 의미로 내乃란 문자를 만들었는지 모른다.

내 생도 돌아보면 오월 나뭇잎 같은 푸름이 언제였던가. 청풍당석 같은 시기가 있기나 했는지. 있었다면 언제 스쳐 갔는지. 꿈속의 전율처럼 기억조차 희미하다. 젊음을 아끼고 싶었지만 봄밤처럼 헤펐다. 남 앞에 내놓을 것 하나 없는 여태까지의 나의 삶. 바라는 대로 살아진 게 아니기에 회한과 허무의 농도는 짙다. 허탈감이 밀려와 죄 없는 하늘을 바라본다. 시퍼런 하늘에 한 뭉치의 구름이 흩어지다 뭉치고 뭉쳤다가는 흩어지며 어딘가를 향해 움직이고 있다.

어느새 살아온 날보다 살아갈 날이 짧을 것은 뻔하다. 그런데도 '욕망' 이란 단어가 가슴속에 맴돈다. 몸이나 말썽을 부리지 않으면 다행으로 여겨야 할 내가 욕망, 욕망은 세간살이 위에 앉은 먼지처럼 훌훌 털어버려야지. 하기야 지난 시간 속엔 공허만이 있었겠는가. 비록 내 삶이 허했든 실했든 떫었든 매웠든, 앞만 보고 왔으니 기껍게 받아들이련다. 시간이 흐름에 사람도 흘러갈 수밖에. 그것이 순리이며 그게 인생사인 것을.

사람이 태어나 평생을 살아가려면 여러 가지 일을 겪는다. 사람은 얼굴만큼이나 성격이 다르고 직업도 천차만별이다. 가진 게 많은 자는, 가진 게 없는 자를 대수롭지 않게 여기면서도 그 노동력을 빌려서 살아가고, 가진 게 없는 자는 많이 가진 자를 증오하면서도 생존을 위해 애써 노동을 바치며 살아간다. 이런 것이 다 비껴갈 수 없는 우리의 현실이다.

세상을 사는 데 있어 경륜이 필요하다. 무채를 썰 때는 작두가 칼만 못하고, 땅을 팔 때에 날렵한 삽이 괭이만 못하다. 나무에 구멍을 파는 데는 큰 독수리가 작은 딱따구리만 못하고, 쥐를 잡는 데 있어서 힘센 소가 고양이보다 못하다. 이렇듯 혈기 왕성할 때는 패기가 앞서는 바람에 자상하게 묻고, 신중하게 생각하고, 명쾌하게 판단하여 행동에 옮기기가 쉽지 않다. 반면, 세상을 오래 살아온 사람은 패기는 떨어지지만, 경험이 앞설 수 있다는 거다.

이를테면 세상의 이치를 즉, 해가 뜨면 달이 지고 달이 뜨면 해가 넘어가듯이. 절기의 변화는 하늘에서 오지만 땅이 먼저 알고, 살아있는 동식물 중에서는 땅에 목숨줄을 걸고 있는 나무와 잡초들이 제일 먼저 아는 것처럼.

평생을 살아가려면 사람이 사람에게 기대게 된다. 아이 때는 부모에게, 성장해서 결혼하면 부부는 서로에게, 늙어서는 자식에게 기댄다. 혼자서는 살 수 없어 서로 받쳐 주며 사는 게 사람인가 보다.

한 해 두 해 세월을 쫓다 보면 동반자를 먼저 떠나보내는 경우도 있고 몸이 퇴화된다. 이런저런 풍파를 건너는 동안 차츰 정신과 육신에 힘이 빠진다. 그럴 때면 지팡이를 찾는다. 이때의 지팡이란 단순 땅을 짚는 것만이 아니라 물질이 될 수 있으며, 성장한 자식이 될 수도 있다. 누구나 늘그막엔 혼자 힘으로 살아가기가 버거워진다. 부모에게 의지했던 아이 때처럼. 마침내는 정신적인 지팡이나 육신을 지탱할 지팡이를 짚게 된다.

예습도 복습도 없이 이어지는 삶의 드라마, 비극이든 희극이든 자신이 흡족함을 느끼는 완성작이 있을까. 누구에게나 각본 없는 생의 드라마는 욕구로 시작하여 욕구로 끝나는 게 아닐까 싶다. 아흔아홉 섬지기가 한 섬이 모자라 풍만감을 느끼지 못하듯이, 뭔가를 더 줍고 싶고 뭔가를 더 채우고 싶은 구부정한 모습으로 …….

사람 중에는 삶을 스스로 포기하는 이도 있고, 우연히 비명으로 가는 이도 있다. 숙명이든 운명이든 세상을 일찍 떠난 이들은 객관적으로 본다면 인생 승리자라 보기 어렵다. 그래서 이에 내 乃는 이러이러하여 여기까지 왔다는 상징이다.

오늘에야 알았다. 내乃자형을 닮은 육신이 삶의 희로애락을 짊어진 인생 승리자의 표적인 것을.

포석정지

봄날의 아침 안개가 높고 낮은 산들을 덮었다. 경주 남산은 안개마저도 신비스럽다. 김처럼 피어올라 한곳으로 쏠렸다가 가늘고 가는 눈물을 뿌리다가, 금방 이 골짝 저 골짝의 윤곽을 드러내는가 싶더니, 어느새 감쪽같이 숨겨 버린다. 그러기를 몇 차례 반복하다가 길고 짧은 골들을 조심스레 드러낸다. 마치 숨기고 싶은 부끄러운 부분을 남에게 보여주기 싫은 것처럼.

고목들이 하늘을 덮고 있는 포석정지이다. 애초에는 기와를 이은 포석정이라는 정자가 있었고 남산에서 내려오는 맑은 물이 석구石臼로 흘러들었다고 한다. 격랑을 겪은 세월 앞에 정자는 형체도 없이 사라지고 물줄기마저 끊겼다. 지난 시대를 상상하며 안타까운 마음에 석구 둘레만 빙글빙글 돌고 있는 나를 향해, 그 정도의 세월은 하루아침이라는 듯, 석구는 그대로 그 자리를 지키고 있다. 나무만이 수구를 끼고 투박한 껍질로 지나간 시간을 껴안았다. 어릴 때는 생각 없이 보아넘겼으나 오늘 다시 찾고 보니 의문이 일어난다.

침묵으로 일관하고 석구의 형태를 유심히 보면 북두칠성을 떠올리게 한다. 찬란했던 신라 불교문화 내면에는 칠성 신앙이 함께 있었다. 북두칠성과 비슷한 모양을 띤 석구를 보면 알 수 있다. 예전 할머니는 장독대에 정화수를 떠놓고 칠성에게 가족의 안녕을 빌었다. 칠성은 우리 민족에게 생명 탄생과 '생사화복'을 준다고 믿었기에 탄생에서 죽음까지 함께했다. 사람의 얼굴에 구멍이 일곱 개인 것은 칠성을 받아서 태어났기 때문이라 하였다. 아이를 낳으면 한 칠을 이레로 정하고 일곱 칠, 사십구 일을 지나야 부정을 타지 않는다고 믿어왔다. 사람이 죽어서 제를 지낼 때도 칠 일씩 일곱 재, 사십구재를 지낸다. 이 모든 것이 칠성 신앙에서 비롯되었다.

칠성 문화는 여기만 있는 게 아니다. 여기에서 얼마 떨어지지 않은 거리에 있는 첨성대도 별자리를 살피는 건축물이지 않은가. 화강석으로 조성한 기단 위에 곡선으로 원통형을 쌓아 올렸다. 첨성대 맨 위 꼭대기 중앙에 장대석을 걸쳐 칠성별을 기점으로 천문을 관찰하였다. 이렇듯 신라인들은 하늘의 별자리를 신성시 하며 우러러 받들고 가까이하고자 했다.

첨성대 윗부분이 하늘에서 보면 흡사 사람이 상투를 꽂은 모양이라고 한다. 상투에 있어서 머리는 땅이고 틀어올린 상투는 하늘이라 칭했다. 상투를 틀 때 머리카락을 빗어 올려 둥글게 말아 동곳으로 지른다. 정수리에 말아 올린 상투는 우주를 상징하며 동곳으로 중앙을 가로지른 모양은 우물 정井 자를 나타냈다. 상투는 우주와 땅과 우물을 상징했다. 옛적에 결혼을 하면 남자들은 상투를 틀었다. 그래서일까. 아내는 남편을 하늘에 비유하며 받들어 섬겨왔다. 이렇듯 하늘과 땅과 인간이 함께 공유하고자 했음이리라.

칠성 문화는 아직도 우리 주변에서 살아 남아있다. 인천에 가면 일곱 개의 등대가 북두칠성 모양으로 설치해 두었다. 우리나라 등대 중에서 가장 높은 선미도 등대를 비롯하여, 영흥도, 소야도, 팔미도, 소청도, 연오랑 등대, 가장 낮은 월미도 등대에 이르기까지 하늘에서 보면 영락없는 칠성별이 반짝거리는 것 같다고 한다. 우리나라 서해안의 최북단에 위치하여 육지로부터 가장 멀리 떨어진 등대들이다. 망망한 대해를 지나는 배들의 길라잡이, 일곱 개의 등대에서 일곱 색의 빛을 뿜어낸다. 이런 것을 봐도 우리는 바다에서나 육지에서나 하늘의 칠성을 중요시하며 살아오고 있다.

북두칠성을 본떠서 물이 돌아 흘렀던 포석정지의 석구. 땅에 뜬 북두칠성. 이것은 사사로움이 없는 하늘과 땅을 우리 인간이 본받고자 했던 거였다. 하늘은 사사로움 없이 만물을 덮어주고, 땅은 사사로움 없이 만물을 심어주며, 해와 달은 사사로움 없이 만물을 비추어 주지 않는가. 만물은 하늘과 땅에 뿌리를 두고 사람은 그에 의존하여 조상에 뿌리를 두고자 했다. 이곳에서 순수한 인간의 마음이 읽힌다. 어쩌면 우리들은 자연을 잠시 빌려 쓰고 있는 게 아닐까 싶다. 예부터 사람들은 하늘을 숭배하고 자연에 순응하며 자연과 더불어 생존해 왔다. 하늘과 지심地心을 합한 우주. 과거와 현재와 미래가 여기에 있다.

긴 세월을 안은 포석정지에서 역사를 더듬는다. 신라 경애왕 4년에 포석정에서 술잔을 띄워 놓고 흥을 즐기다가 후백제의 견훤이 쳐들어와서 천년 사직을 무너뜨렸다고 전해졌다. 흥청망청하다가 적에게 당한 거라고, 너무 안이했다고, 여태까지 나는 그렇게 믿었다. 이제야 생각을 깊게 해보면 《삼국사기》에는 927년 음력 동짓달에 쳐들어 왔다고 되어 있는 것을 보면 더욱 의아해진다. 동짓달이면 추위가 만만찮을 때다. 물이 얼어 부풀고 설한풍이 치는 날씨에 실내를 두고 야외에서 유상곡수연을 벌였겠는가. 하물며 한 나라의 왕이 정치에 눈귀가 어둡기로서 적들이 쳐들어오는 것을 까맣게 몰랐을 리가 없다. 변방을 지키는 군졸들이 있는데 아무리 생각해도 이치에 맞지 않는다.

국가의 경사스러운 일이나 어려운 정사에 부딪히면 포석정에서 하늘과 땅과 우주, 즉 천신에게 제를 지냈다고 전해진다. 아마 그날도 제를 지내지 않았으랴. 호시탐탐 노리는 주변국들의 침입에, 나라의 위기를 헤쳐 나가게 해달라고 제를 올렸다는 점에 더 무게가 실린다.

어디 이뿐만이 아니다. 역사를 돌아보면 많은 시간이 흐른 후에야 선과 악이 밝혀지는 경우가 있지 않은가. 패자는 어느 시대나 할 말을 잃는다. 패자는 말 그대로 패자이기에 진실을 말해도 먹혀들지 않는다. 인간세계는 고대, 근대, 현대가 다를 바가 없는 것 같다.

이런저런 점을 비춰 보면 포석정의 비운이 사실대로 전해졌겠는가. 여태 석구의 형태를 놓고도 잘못 전해졌다. 석구의 형태는 북두칠성 형상이라는 견해가 있는데, 전복 모양이라고 한 것만 봐도 알 수 있을 듯하다. 더군다나 패자는 천년의 존망이 무너져 버렸는데, 입이 열 개, 백 개라도 할 말이 없었을 터다. 그렇다면 포석정에서도 때가 때인 만큼 왕이 국가 대신들을 모아 제를 올린 것을 연회를 베풀었다고 소문을 퍼뜨렸는지도 모를 일이다. 천 년 역사를 무너뜨린 승리감에 들떠서 …… .

예나 지금이나 민초들은 순수하고 어리석다. 그 단순함을 발판삼아 소문을 왜곡시켰을 수도 있다. 요즘같이 너도, 나도 손쉽게 촬영이나 녹음을 할 수 있는 시대도 아니었고, 소문이 떠돌아도 백성에게 진실을 밝혀 보여줄 증거자료가 없었을 터. 떠도는 소문은 사람들의 입에서 입을 통해 흘러 흘러서 오늘날까지 이어졌으리라.

유상곡수연은 고대 중국에서 아홉 굽이가 도는 강가에서 문인들이 술잔을 띄워 놓고 술잔이 본인 앞에 흘러올 때까지 시를 지어 읊지 못하면 벌주를 마시며 즐겼다고 한다. 물론 신라인들도 태평성대로 이어질 때는 유상곡수연을 열었을 수도 있다. 하지만 그것은 중국이나 신라나 태평할 때 즐기는 놀이였지, 나라가 어지러울 땐 어디 감히 생각이나 했겠는가.

곰곰이 짚어보면 여러 사건이 사실대로 전해지기도 하겠지만 혹 잘못 전해졌을 가능성도 있다. 승자는 우월성을 과시하기 위하여 패자를 더 초라하게 만들었는지 알 수 없다. 남산의 서쪽 기슭에 가면 안개에 숨어 눈물 흘리는 포석정지가 있다.

은장

안개를 머금기도 하고 토하기도 하는 토함산을 오른다. 산은 오늘도 자식을 감싼 어머니의 치마폭처럼 뿌연 안개로 산허리를 감쌌다. 한 걸음 두 걸음 굽이를 돌 때마다 처렁처렁 늘어진 식물들과 눈을 맞추고 말을 걸다 보니 어느새 석굴암이다.

석굴 안은 전실을 거쳐 천천히 주실로 향한다. 본존불을 중심으로 여러 보살상이 둘러섰다. 저토록 무거운 화강석이 어떻게 둥그스레한 원형을 이룰 수 있을까. 의문을 품고 둘러보는데 때마침 안내자가 '은장' 덕분이라 한다.

은장隱裝은 납이나 쇠를 녹여 나비 모양으로 만든 것이다. 조그마한 은장이 돌과 돌 사이를 벌어지지 않게 결속하는 장치다. 돔 형태의 지붕과 원형의 주실을 천 년이 넘도록 유지한 비결은 다름 아닌 은장에 있다. 은장의 모습은 겉으로 드러나지 않으니 그 노고를 어찌 우리가 알까. 내게도 틈이 벌어지지 않고 먼 길을 올 수 있도록 잡아준 은장 같은 분이 있다.

나는 무덤덤하게 결혼을 하였건만 큰 걱정이 앞을 막았다. 세상사 노력해서 안 되는 일이 없다고 하나, 생명을 잉태하는 일은 마음대로 되지 않았다. 한 해 두 해 지날수록 바늘방석에 앉은 것 같았다. 때론 속에서 갑갑증이 나서 찬물을 벌컥벌컥 마시기도 했다. 이름난 의사나 진맥을 잘 짚는다는 한의원을 찾아 무던히도 쫓아다녔다. 분산하게 타울거렸지만, 양방이나 한방이나 간절한 원을 이루게 하지는 못했다.

남편은 대화해도 데면데면 흘려보내는가 하면, 한 방에 있어도 늪처럼 고요했다. 융통성이 없기는 남편이나 나나 매한가지였다. 나 또한 남편의 태도에 맞장구를 치듯 애써 냉랭함을 잃지 않았다. 한 사람은 이쪽을 보고 한 사람은 저쪽을 보아 점점 사이가 버름해지자 긴장감만 오갔다. 토라져 있는 부부에게 애정의 끈은 쉽게 이어지지 않았다. 상대방이 먼저 당겨도 끌려가기는커녕 오히려 뒤로 나지고 싶었다. 해를 거듭할수록 틈은 좁혀질 기미가 보이지 않았다.

어머니는 그런 우리 부부를 바라보며 노심초사였다. 찬란한 봄 같은 나날은 아닐지언정, 남편을 따라야 한다고 내게 이르고 일렀다. 지구는 돌고 돌아 붙들어 맬 수도 없는 시간이 야속

할 따름이었다. 나이를 먹어 갈수록 나는 서리 맞은 풀잎처럼 축 처져 자신감을 잃어 갔다.

어머니는 매사에 직수굿하게 있는 내가 딱해 보였는지, 어느 사찰에 가서 치성을 드리면 태기가 있다는 말을 듣고 나를 채근했다. 어머니와 나는 하루에 목욕을 세 번씩, 하고 난 다음에야 기도에 들어갔다. 밤도 긴 겨울, 해 질 녘에 시작한 기도가 먼동이 틀 때까지 이어졌다. 법당 문을 열고 나오면 밤을 지새운 달도 지친 듯 이내 이지러졌다. 이튿날에는 몸이 천근만근이나 된 것처럼 무직했고, 두 무릎 밑에는 달걀만 한 혹이 생겼다.

지칠 대로 지쳐 포기할 만도 한데, 어머니는 어느 구름에 비가 들었는지 모른다며 주술이든 무속이든 가리지 않았다. 다산한 산모의 속옷을 얻어 입으면 삼신할매가 따라와서 태기가 있게 된다고 하였다. 어머니는 속옷의 주술로 내가 그 산모를 닮기 바랐다. 내키지 않았지만 어떤 주술이든 어머니의 청을 거부할 수 없었다. 여러 가지 정성을 들이는 동안에도 해와 달은 떴다 지기를 반복하며 고르지 못한 인간사를 내려다보았다. 어머니는 이런저런 곡절을 겪더라도 우리 부부의 끈이 이어지도록 온갖 몸부림을 친 것이리라.

어머니의 정성인지, 천지신명이 돌봐주었는지, 십 년을 훌쩍 넘기고서야 아이를 낳았다. 남들에게는 평범한 일이 나에게는 하늘의 별을 따듯 더디고도 어려웠다. 소원을 푼 다음에야 부부간에 바라보는 시야가 같아지기 시작했다. 하루가 다르게 커가는 아이 앞에서는 바깥으로 외돌던 웃음도 안방으로 돌아왔다.

들숨날숨을 쉬던 부부 사이도 고른 숨을 쉬게 되었다. 아이를 보면 어머니가 생각나고, 어머니를 대하면 산전수전을 겪던 일들이 수묵담채로 나타났다 사라진다.

다시 석굴 안을 유심히 살펴본다. 부조물이 호위한 주실 입구에는 금강역사상이 양쪽으로 서서 문을 지키고 있으며, 상부엔 여러 상이 둥글게 원을 이루었다. 천정에는 이맛돌을 지렛대처럼 받쳐 놓고 판석을 얹었다. 큰 돌 하나가 아니라, 단단한 화강암 여러 개가 어깨를 맞대 원형圓形을 이루고 있다. 이렇듯 서로 붙잡고 당겨주었기에 석굴암은 천 년이 넘도록 원형原形을 지켰다.

오래전 미국의 마이클 고반, 한 미술관 관장은 석굴암을 보고 석굴 안의 일정한 온도 유지와 돌을 둥글게 만든 지혜에 감탄을 거듭했다. 그는 돌아가는 공항에서 인터뷰할 때 세계에서 가장 아름다운 문화의 극치라고 찬사를 아끼지 않았다. 그분은 예사로운 국민이 아니라고 하였다. 본국으로 가서 미술관

지하실에 대수롭지 않게 방치해 두었던, 우리나라 화가의 작품을 햇볕이 잘 드는 이층으로 옮겼다. 뛰어난 문화를 지닌 국민의 작품을 아무렇게나 두어서는 안 되겠다는 생각이 들었다고 했다. 이런 면을 볼 때 문화는 문화적 차원을 넘어 국가 위상을 높이는 계기가 될 수도 있다.

석굴암은 본존불을 중심으로 둘레를 이룬 제자 상들과 함께 불교의 이상세계를 실현한다. 이렇듯 가족도 이상을 중심으로 서로가 보듬어야 사이가 벌어지지 않는다. 둘 사이의 틈을 이어주는 어머니가 있어 남편과 나는 단단히 결속할 수 있었다. 만약 어머니의 숨은 노력이 없었다면 내 가정은 벌써 와해되었을지 모른다.

돌아보면 은장의 덕이다. 은장이 있어 석굴암이 불가사의한 문화유산이 되었다면, 쇳물을 녹이는 열만큼 애간장을 끓인 어머니의 숨은 노력으로 오늘날 우리 부부가 웃을 수 있다. 지구가 태양을 수십 번 회전한 지금에도 어머니를 생각하면 가슴속이 알싸하다. 그것은 내가 살아 있는 동안 갚아야 할 내 마음의 빚이기도 하다.

석굴암을 나오면서 합장을 한다. 부처님 이상에 대한 존경이며 내 어머니에 대한 감사다.

박다위와 조이개

객주 문학관으로 가는 길 초입에 들었다. 골 깊은 골짝의 꼬부랑길이다. 옛 청송사람들은 여윈잠을 자 가며 등짐을 메고 꼬불꼬불한 이 길을 새벽별과 동행을 하고 저녁별마저 헤아리며 돌아오기가 예사였다. 자천장이나 기계장은 가까운 거리에 속했다. 멀리 울진장, 안동장을 보고 돌아오려면 부득불 그렇게 될 수밖에 없다. 한 굽이 돌아가면 또 한 굽이 나타나는 길처럼, 이 길을 오간 사람들의 굴곡진 삶의 풍경이 그려진다.

옛 민초들의 삶을 더듬는 사이 어느덧 문학관에 도착했다. 이 층으로 들어서자 사각 유리 안에 놓인 돌돌 말린 납작한 끈과 나무 열쇠를 닮은 물건이 내 눈길을 고정시킨다. 어느새 나의 기억은 세월을 저만치 뒤로 돌려놓는다.

청송 보현산 자락에는 작은할아버지가 살고 계셨다. 내가 꼬

맹이 때 본 작은할아버지의 모습은 걸음을 걸으면 휘청거릴 정도로 키가 컸다. 벗겨진 이마는 앞산에 뜬 보름달처럼 환했다. 양 볼에는 광대뼈가 도드라졌고, 가로로 유난스레 째진 입 주위에는 수염이 검게 자라 입 모양을 슬쩍 감추고 있었다. 큰 입 모양만큼이나 목소리도 우렁찼고 훤칠한 키만큼 힘도 셌다. 체구도 컸지만 센 힘도 그 근동에서는 따를 사람이 없었다. 웬만한 장정 몇 몫쯤은 거뜬히 해냈다.

작은할아버지는 골짜기 하나가 가득 차게 약초를 재배하셨다. 주추, 생강, 작약, 도라지 외에도 여러 가지 약초를 키웠다. 큰 밭에 기른 약초는 영천이나 대구의 약전골목 도매상에 밭떼기로 넘겼다. 여기저기 자투리 밭의 약초는 말려두었다가 등짐으로 포항을 비롯한 경주장까지 팔러 다니셨다.

작은할아버지는 등짐을 질 때는 손바닥에 침을 탁 뱉어서 양손으로 싹싹 문지르고는 납작한 끈을 어깨에 걸었다. 멜빵은 어머니의 치마 말을 따서 둘레둘레 감아놓은 것 같기도 하고, 어찌 보면 베를 짤 때 허리를 감싸는 부테 같기도 했다. 그것을 사람들은 '박다위'라 불렀다.

등짐을 질 때 한쪽으로 기울지 않게 박다위로 양쪽의 균형을 맞추어야 한다. 박다위를 조정하려면 조이개가 필요하다. 박다위로 묶을 때 당기는 끈이 조이개다. 짐의 부피가 작으나 크나

등에 지려면 혹여 빠져버릴까 봐 조여 매야 한다. 나무로 만든 조이개는 열쇠처럼 생겼으며 그것이 없으면 빳빳한 박다위를 마음대로 조이거나 풀기가 어렵다. 여기 유리관에 누운 조이개가 반질반질하니 손때가 묻은 만큼 보부상의 이력을 짐작할 수 있다.

교통이 발달하지 못했던 시절, 보부상들은 박다위로 등짐을 메고 먼 길을 걸었다. 일 년에 평균 4,700여 킬로미터를 걸었고, 30년이면 지구를 세 바퀴 하고도 반을 돈 셈이다. 그들은 비바람을 맞아가며 이 장에서 저 장으로 묵묵히 걷고 걸었으리라. 그러므로 보부상들이 걸어 다닌 거리는 우리의 상상을 넘어선다.

나 또한 또래 못지않게 매끄럽지 못한 삶들을 보아왔다. 한국전쟁 이후에 바로 태어난 세대라서 춥고 배고픈 길의 뒤끝이었다. 어린 눈에 비친 윗세대의 삶을 잊고 살 수가 없었다. 그분들이 살아온 길을 생각하면 동전 한 닢이라도 아껴야 했다. 어느 사이 그것은 내 정신 속에서 똬리를 틀어 앉았다.

결혼하고서도 변할 수 없었다. 버스 한두 정거장쯤은 걷기가 예사였다. 외출했다가 돌아올 때 소나기가 금방 쏟아질 것 같아도 택시를 타지 않고 버스를 탔다. 백화점에 예쁜 신상품 옷들이 눈을 유혹해도 애써 외면했다. 웬만해서는 현혹되지 않으려고 정신 끈을 단단히 옭아맸다.

하나, 긴 세월을 늘 긴장하며 살 수만은 없었다. 가끔 끈이 느슨해질 때가 왜 없었겠는가. 그러다가 중요한 일을 앞두고 머뭇거리다 생활의 리듬을 놓쳐 낭패를 본 적도 있었다. 놀면 더 놀고 싶어지고 잠도 많이 잘수록 더 자고 싶은 게 사람의 심리이다. 연장도 쓰지 않으면 녹이 슬듯이, 우리의 정신 끈도 수시로 당기고 조이지 않으면 녹이 슬기 마련이다.

그러나 자식은 내 마음 같지가 않았다. 보릿고개를 어렴풋이 아는 나와 마음가짐부터 달랐다. 생활 사고가 딴판이었다. 일주일 용돈을 주면 사흘을 못 넘기고 한 달 용돈을 주면 보름도 못 가고 다 써버렸다. 신발 밑바닥 한 부분이 조금만 닳아도 새 신발을 사달라고 졸랐다. 물론 세대차이라 볼 수 있겠지만, 그런 점이 나로서는 마뜩잖았다. 그럴수록 나는 박다위 조이개가 되어갔다. 아이의 정신 사고가 느슨해지지 않도록 잡아당겨 묶어야 했다. 그러면 아이는 나를 향해 어느 시대 사람이냐고 아우성을 쳐댔다. 시대가 아무리 변하여도 사람의 정신 끈은 변할 수 없는 거라고 아예 못을 박았다.

어찌 등짐에만 박다위와 조이개가 필요할까. 복잡다단한 세상을 살아가려면 무엇보다 마음의 박다위와 조이개가 필요하다. 삶에서도 오르막과 내리막을 만나기 일쑤다. 오르막은 발보다 몸이 뒤로 젖혀지고 내리막은 발보다 몸 전체가 앞으로 쏠린다. 그럴 땐 조이개로 조정을 잘 해야 삶의 끈도 힐긋거리지 않고 무난하게 지날 수 있으리라.

얼음판에 미끄러지듯 어느새 이순이란 고갯마루에 이르렀다. 온 길을 돌아보면 생각지도 못한 굽이를 만나기도 했었다. 된비탈을 만나 숨찬 길도 걸어봤다. 숨이 찰 때는 몸 따로 마음 따로 가는 바람에 발을 헛디뎌 다리를 다친 적도 있었다. 다리를 삔 다음에야 앞으로 가야 할 길을 생각하지 않을 수 없었다. 힘에 버거울 때는 자드락길에 한 발 비켜 앉아 잠시 쉬었다가, 신발 끈과 허리끈을 풀어 다시 조여 매고 균형을 잡아야 하겠지.

갈 길을 바라본다. 갈수록 근력은 떨어질 터, 남은 길이 더 힘이 들면 들었지 수월하지는 않을 게다. 앞으로 남은 길을 어떻게 갈 것인가. 빠른 세속의 변화에 따르지 못하면 체념도 할 줄 알아야 하겠고, 오르지 못할 언덕이라면 에둘러 가는 길도 찾아야 한다. 걸음이란 빨리 걸으면 숨이 가쁘고 천천히 걷다 보면 아예 앉고 싶어지는 게 사람의 마음이다. 그래서 인생길도 박다위와 조이개처럼 적절하게 맞춰가야 무난하게 갈 수 있다.

인생이란 무거운 짐을 지고 가는 보부상이다. 삶의 짐은 팔려는 사람도 못 봤고, 사달라는 이도 못 봤다. 인생 짐을 누가 대신 짊어져 줄 수 없기 때문인가. 이 짐은 무슨 짐이기에 흥정을 붙여주고 수수료를 받는 중개인이 없다. 스스로 알아서 져야 한다. 그래서 나는 칠성판을 등에 짊어질 때까지 생의 길을 걷는 보부상과 다를 바 없다.

박다위와 조이개 앞에서 생각에 젖다 보니 해가 기운다. 돌아오는 길은 내리막길이다. 어느덧 산봉우리에 걸터앉은 해에서 뿜어져 나온 햇살이 나무 위로 사금파리같이 부서진다. 퍼지는 햇살 속에서 먼저 간 사람들의 흔적을 더듬더듬 읽는다. 과거와 미래가 이어지는 길 위에서 뒤에 걷는 나는 앞서간 이들이 서럽게 느껴진다.

두 벌의 옷

아기가 입은 배냇저고리가 곱다. 핏빛이 감도는 얼굴이 희디 흰 저고리와 대조적이다. 세상에 태어나 가장 먼저 몸에 접하는 옷이다. 이와 같이 처음 입는 옷이 있는가 하면, 세상에서 마지막으로 입는 옷도 있다. 한 벌은 세상과의 소통을 시작하려는 알림이고, 또 한 벌은 소통의 문을 닫는다는 왼소리다.

옷 중에서 화려한 치장 하나 없고 단순한 옷이 배냇저고리다. 단추나 지퍼를 달지 않았다. 태어날 때 어머니 몸과 이어진 탯줄을 달고 나왔듯이, 배냇저고리도 탯줄 같은 끈으로 묶어 입는다. 배냇저고리만큼 모성이 배인 옷이 없다. 배리배리한 젖내가 배인 옷이 어디 또 있겠는가. 아기에게 이 옷을 입힘으로서 순수하고 깨끗한 사람이 되어달라는 주문을 부여하는 것인지도 모른다.

나도 한때는 요렇게 작은 배냇저고리를 입었을 거야. 손바닥만 한 배내가 처음에는 우장처럼 내 온몸을 감쌌을 터다. 배내를 입고는 어머니의 체온에 감싸여 모유를 먹었겠지. 걸음마를 한 후에는 때때옷을 입었다. 색동저고리 빨강치마는 무병충실하게 자라라는 부모님의 바람이 담겨 있었으리라.

학교에 들어가면서 교복을 입었다. 교복을 입고 성장기를 거쳤다. 문자를 깨우치고 예비 사회인으로서 규칙과 질서를 배웠다. 지식을 쌓고 인성의 본질이 어떠해야 되는가를 알게 해준 두 번째 옷이다. 어쩌면 교복은 눈을 밝혀 폭 넓은 세상을 바라보게 한 옷이므로 값으로 매길 수 없을 것 같다. 흐트러진 마음가짐을 단정하게 해준 옷도 교복이 아니었을까 싶다.

혼인을 할 때엔 예복을 입는다. 1970년대까지는 구식 결혼식을 하는 사람들이 더러 있었다. 나도 구식 결혼식을 올렸다. 신랑은 청색 단령을 입었다. 흉배에는 한 쌍의 학을 수로 새겨 놓았다. 허리에는 품대를 두르고 머리에는 사모관대를 썼다. 나는 홍장삼을 입고 칠보로 꾸민 족두리를 썼다. 내가 여태까지 입어본 옷 중에서 가장 기품 있는 옷이다. 그 옷은 혼자는 입지 못해 다소 부담스럽고 거추장스럽다. 하지만, 그 옷만큼 화려하고 기억에 남는 옷도 드물다.

길사에 참석할 때 입는 옷과 초상집에 갈 때 입는 옷이 다르다. 잔칫집 갈 때는 물색을 가리지 않고 정복을 입으며, 초상집에 갈 때는 붉거나 푸른 옷을 금한다. 부모상을 당한 상주는 굴관제복을 했다. 제를 지낼 때는 갓을 쓰거나 유건儒巾을 쓴다. 예를 갖추는 의식에서 민머리로는 제사를 지내지 않은 것이 우리의 고유풍속이다. 기쁜 날엔 기쁨을 함께 나누고 슬픈 날엔 그 슬픔을 같이하기 위해 노력한다. 관혼상제에 맞춰 입성을 입음으로써 타인에 대한 예와 인간의 도리를 갖춘다.

역사를 거슬러 올라가보면 짐승 가죽이나 나무껍질로 민감한 부분을 가렸다. 하절기에는 마른 억새나 부들을 뜯어 우장 같은 거적을 만들어 두르고 다녔다. 알몸 하나만 가리면 거기에서 충분했다. 세월이 지나면서 옷은 미적, 장식적으로 변해왔다. 다양한 기능이 추가되었다.

한평생을 살아가노라면 의복이 한두 벌이 아니다. 봄, 여름, 가을, 겨울옷을 비롯해서 평상복, 가람옷, 가짓수가 실로 많다. 제사 때는 흰색의 제복祭服을 입는다.

체면이 없다면 삼복더위에는 옷을 입은 사람보다 입지 않은 사람이 더 많을지도 모른다. 하지만 체면을 가릴 줄 아는 게 사람이지 않은가. 옷엔 격식과 예의와 권위가 존재한다.

생이 끝날 때엔 수의를 입는다. 한 생을 살다가 마지막 입는 옷이라서 그런지, 수의는 가짓수가 많다. 발에 신는 버선, 손에 끼는 악수, 머리에 쓰는 복권에, 속적삼, 겉적삼, 속바지, 겉바지며, 두루마기와 도포, 깔고 자는 지금(요)과 덮는 천금까지다. 가짓수가 이렇게 많아도 눈을 닦고 봐도 그 흔한 지퍼나 짝단추 하나 없다. 입히기 편하도록 딱 붙이는 벨크로 하나 붙인 데가 없다. 끈만 달렸다. 수의도 배냇저고리처럼 끈으로 묶어 입는다. 이 끈을 보면 인연은 끈에서 끈으로 이어져는 것을 알 수 있다.

배냇저고리가 생명의 창을 연다면 수의는 그 창을 닫는 옷이다. 생명이란 열기만 하고 닫을 수 없어도 안 될 것이며, 닫기만 하고 열 수 없다면 그도 안 될 일이다. 배냇저고리가 시작이고 수의는 끝맺음이다. 배냇저고리가 첫 상봉相逢이라면 수의는 영결종천永訣終天이다. 첫 만남은 설레면서 반가움으로 맞고 마지막 이별은 눈물로 보낸다. 배냇저고리는 빛이 있는 세계로 나오고 수의는 빛이 없는 곳으로 들어간다. 배내를 입으려면 몸에 달린 창이란 창은 다 열어야 하고, 수의를 입게 될 때는 몸에 붙은 창이란 창을 다 닫아야 한다.

세상에 올 때 배내를 입었던 것처럼, 갈 때 또한 수의만 입고 가는 게 인생이다. 개성도 벗어 두고 치레도 내려놓고. 마지막 가는 길엔 부유하게 살았든 질박하게 살았든 욕심, 고민, 체면, 격식을 다 놓고 떠나간다.

아기의 배냇저고리를 보고 나서 연정에 젖는다. 한 땀 한 땀 바느질 땀처럼 생각을 기워간다. 배내와 수의가 무얼 말할까. 두 옷은 관계를 두고 있다. 이 옷들은 끈으로 묶고 끈으로 푼다. 누구나 세상에 올 때 탯줄을 물고 왔던 것처럼 갈 때도 끈으로 묶어 입는다. 어쩌면 이 끈은 다시 태어나는데 필요한 탯줄과 같은 것인지도 모른다.

배내와 수의는 남이 입혀 줘야 한다. 본인 스스로 입지 못한다. 누구라도 예외일 수가 없다. 배내를 입힐 때면 살가움이 앞서 행여 손톱에라도 긁히려나 꽃송이를 다루듯 조심조심 입힌다. 수의를 입힐 때에도 갖은 정성을 들여 엄숙함을 다한다. 나뭇가지에 흰 눈이 덮이는 것처럼 고요하게 입힌다. 이러한 것은 아직 말을 못하는 아기라도 정신으로 모든 걸 느끼기 때문일 테다. 수의를 입힐 때도 숨소리조차 죽여 가며 신중을 기하는 것은 비록 이승의 연을 마쳤다 하더라도 혼령에 대한 예의를 다함이리라.

배냇저고리가 땅위로 비상하려는 날개를 펴는 옷이라면, 수의는 흙속으로 들어가는 날개를 접는 옷이다. 이 두 벌의 옷은 천천히 돌고 돌아가는 윤회가 아니겠나. 신神은 맨 처음 입는 옷엔 무엇을 부여하며 마지막으로 입는 옷에 무엇을 부여할까.

새촘과 촘향

과거를 되돌려 놓은 듯한 제주 성읍마을이다. 바람 한 줄기 후후 지나간다. 마을 입구로 들어서니 강한 정신력으로 자연에 순응하며 살아온 흔적이 읽힌다. 곡선을 따라 이어진 돌담을 경계로 나직한 초가들이 모여 앉았다.

골목을 돌아 어느 한 정낭을 지나 초가로 들어섰다. 바깥채와 안채가 마주 보고 있는 이二 자로 된 집이다. 이런 배치를 제주 사람들은 두 거리 집이라 부른다. 두 거리 형으로 지은 이유는 집안으로 들어오는 센 바람을 막기 위한 아이디어라 볼 수 있겠다. 안채를 돌아 뒤꼍으로 가니 낯선 풍경이 눈에 들어온다. 나무 밑에 항아리를 놓아두고, 항아리 위에는 나무 둘레를 따라 짚을 묶어 놓았다. 짚의 꼬리 부분은 마치 긴 머리처럼 땋아서 항아리 안에 들어가게 해 놓았다. 짚을 엮어 나무에 묶인 것이 새촘이고, 나무 밑에 놓여 있는 항아리가 촘항이다.

새촘과 촘항은 빗물을 받는 장치이다. 비가 오면 나무를 타고 내리는 빗물을 받아 모은다. 물이 귀한 섬마을에서 집집마다 새촘과 촘항을 만들어 사용했다고 한다. 이것은 가정에서, 없어서는 안 될 유용한 필수품이다. 기후와 환경에 맞추어 살아가는 지혜로운 발상이라 볼 수 있겠다. 예나 지금이나 제주에는 논농사가 거의 없다. 새촘을 만들 짚이 없어 짚 대신 억새를 베어 말려서 사용했다고 전한다.

새촘과 촘항은 떨어질 수 없는 바늘과 실처럼 같이 있어야 한다. 어느 쪽이든 하나만으로는 쓸모가 없다. 두 사물이 어울려야 제대로 사용할 수 있다. 새촘을 나무에 묶어 두어도 항아리인 촘항이 없다면 물을 모으지 못하고, 촘항 역시 나무 밑에 있어도 새촘이 물이 타고 내려와 주지 않는다면 빗물을 받지 못한다. 이 두 사물은 함께 하지 않으면 무용지물이다.

새촘과 촘항은 성격과 재질이 전혀 다른 둘이 만나서 한 조를 이루었다. 이것은 성姓도 다르고 성격도 다르며 자라온 환경도 다른, 남자와 여자가 만나 마음을 맞춰 살아가는 부부와 같은 이치다. 새촘은 여러 가지로 뻗은 나뭇가지의 물을 한곳으로 모아 촘항에게 보낸다. 촘항은 가만히 앉아서 팡팡한 몸 안에 물을 저장한다. 여느 가정의 아내처럼 남편이 애써 벌어다

주는 물질을 저축하는 아내와 같다. 새촘은 비가 오는 날이면 자신의 몸을 흠뻑 적셔가며 끊임없이 물을 흡수한다. 그럴 땐 새촘은 근육질이 드러난 혈기 왕성한 남자의 모습을 닮았다.

하지만 바람이 드나 불고 비가 오지 않는 날엔 새촘의 싱싱함은 사라지고 온몸이 버석하다. 마치 식구들을 위해 평생 헌신만 해서 기름기가 다 빠져 쇠약해진 가장처럼 보인다. 오늘 새촘과 촘항을 보면서 인간 세간의 법칙을 읽는다. 혼자가 아닌 두 사물이 함께 하여 가치를 더한다.

촘항은 시골 아낙같이 투박하지만, 섬사람들에게 요긴한 생활 필수품이였다. 나무 위로 내리는 빗물은 새촘에게 흘러들어 촘항의 배를 넉넉하게 채워 작은 옹달샘 역할을 하며 왔다. 섬에서 가뭄이 들 때면 귀하지 않은 것이 없겠으나 촘항이 안고 있는 물은 그 무엇보다 필요했을 터. 우선 물이 없으면 생활을 할 수가 없다. 특히 일터가 바다이고 보니 종일토록 짠물과 씨름을 하고 나면 먹고 마시는 것은 물론 몸부터 씻어야 했다. 갯가에서 따온 먹을거리도 짠 간이 빠지도록 씻으려면 여러 번 헹구어야 한다. 그래서 섬에서의 물은 물이 아닌 그 이상이다. 촘항에 의지해 생명을 키워 온 제주인의 끈질긴 삶이 묻어있다.

바다로 둘러싸여 있지만 정작 생활용수가 부족한 곳이 섬이

기도 하다. 특히 제주는 용암이 빚어낸 땅이라 물이 귀하다. 이곳 사람들은 그 점을 감안하여 집을 지을 때는 잊지 않고 나무를 꼭 심었다. 나무가 어느 정도 자라 새촘을 달고 나서는 그 나무는 나무가 아닌 가족의 한 일원으로 여기며 함께 살아왔다.

새촘과 촘항 앞에서 내 생각은 발효된 밀가루 반죽처럼 부풀어 오른다. 섬사람들의 생활상이 차창 밖 풍경처럼 날아다닌다. 그동안 육지인들이 몰랐던 그들의 삶 일부가 이 초가 뒤뜰에 숨겨져 있다.

얼마가 지났을까. 고개를 들고 사방을 두리번거려보니 새촘을 매단 나무가 바람에 흔들린다. 부드럽게 흔들리는 나뭇가지 사이로 오후의 투명한 햇살이 쏟아진다. 사방이 바다로 둘러싸인 섬. 육지를 바라보며 떠 있는 이 섬은 여기에서 태어난 그분들의 땅이다. 그들의 혼이 깃들었다. 일상에서 쓰는 물 하나를 두고도 이러한데 모든 게 녹록지 않았을 섬 생활. 새촘을 만들어 쓸 짚조차 구하기 어려웠다니 식량은 얼마나 귀했겠는가. 나무를 감싸고 있는 새촘과 그 아래에 처연히 놓인 촘항에서 섬사람들의 수백 성상의 세월을 읽는다.

손가락만 까닥하면 맑은 물이 철철 나오는 시대에 사는 게 어쩐지 미안해진다. 오늘날에 와서는 새촘과 촘항으로 인해 누군가에겐 새로움을 알게 하는 계기가 될 터이고, 누군가에겐 질박한 삶을 되살려 가슴 아리는 흔적이 될 수도 있겠다.

만물에게 이로움을 주는 게 물이지만 물은 늘 겸손하다. 생명을 가진 것의 속성들은 위로 올라가려고 발버둥을 치지만 물은 그 반대다. 어떠한 위치에 처하던 위로 쳐다보지 않는 게 물이다.

자연의 본성을 그대로 이어받아 살아온 게 인간이다. 불과 얼마 전만 해도 여기 사람들은 이렇게 받은 물을 먹고 자식을 낳아 키우며 늙어왔다. 이 물로 음식을 만들어 먹고 그렇게 먹은 음식물 찌꺼기를 하수도로 흘려보낸다. 하수도로 흘러가는 물이 결국 바다에 이르고, 바다가 수증기를 만들어 허공에 띄우면 그 수증기가 비가 되어 내린다. 다시 또 사람들은 빗물을 받아먹고 사는 게 아닌가.

질곡한 생활을 간직한 섬이 있다. 오종종하게 모여 앉은 제주 성읍마을. 바람에 몸을 맡긴 나무는 지난 일을 회상하듯 조용히 가지를 흔들어 댄다.

윤장대

예천 용문사로 접어드는 산길이다. 긴 가을장마를 끝낸 하늘은 그간의 심술이 미안한지 하얀 구름 몇 점 걸어놓았다. 우거진 숲 사이로 난 언덕을 한 발 한 발 걷다 보니 어느새 부처님 세계에 들어선다. 가벼운 기분으로 재잘대다가 다들 발걸음이 조심스럽다.

대웅전의 부처님을 친견하고 나니 뒤쪽의 아담한 목조건물이 눈에 들어온다. 대장전이다. 안으로 들어서니 목조 아미타여래불 세 분이 나란히 좌정하셨다. 칠색 광선이 피어오르는 부처님 양쪽으로 희귀한 것이 눈길을 잡는다. 말로만 듣던 윤장대輪藏臺다. 하대 부분, 몸체 부분, 옥개부로 구성된 윤장대는 중앙에 원형의 찰주를 세워 회전할 수 있게 되어 있다. 튼튼한 손잡이까지 달린 데다 아래로 갈수록 경사지게 만들어져 마치 돌아가는 팽이를 세워놓은 듯하다.

천 년이 훌쩍 넘었지만, 팔각 몸체가 한 치의 어긋남 없이 어우러져 우아하기까지 하다. 끝을 살짝 들어올린 팔작지붕 겹처마가 커다란 몸체에 상승감을 주어서 몸체가 그다지 육중하게 느껴지지 않는다. 모양은 같지만 문살은 좌우가 다르다. 하나는 꽃살 무늬이고 하나는 격자형 빗살무늬다. 아래에서 위까지 하나하나 정교한 조각들로 이루어진 윤장대를 가만히 바라보고 있으면 섬세하고 현묘한 미적 세계에 빠져든다.

윤장대는 면마다 다른 꽃이 피었다. 아치고절의 매화가 피었는가 하면 붉은 정염의 모란도 흐드러졌다. 중앙 난간에는 스물네 개의 연꽃이 피어 여기가 처염의 세계임을 알리고, 그 사이에는 물고기가 헤엄치고 있다. 또 다른 면엔 오상고절의 국화가 만개했다. '후' 하고 숨을 불어넣는 바람 한 줄기 윤장대를 휘감고 돌아나가면, 그 향기가 퍼져 금방이라도 벌 · 나비가 몰려올 것 같다. 매화부터 국화까지 사계절이 피고 지는 윤장대를 감상하다 보면 자연의 이치에 침잠하게 된다.

윤장대는 춘양목으로 만들었다. 춘양목은 산의 북쪽에서 자란 것으로 짧게는 백 년, 길게는 삼백 년 정도 자라야 나이테가 촘촘해진다. 그런 나무를 베어 북남풍이 부는 그늘에서 삼 년을 말린 다음 조각에 들어간다. 햇살과 달빛과 바람을 맞는 긴 참회의 시간을 거쳐 불사不死의 꽃으로 환생한다. 단단한 나무가 윤장대에 꽃으로 피기까지 오랜 인고의 세월을 견뎌낸다.

윤장대에 여덟 개의 문 안에 단이 있어 서가처럼 불경을 차곡차곡 쟁여 두었다. 윤장대를 한 바퀴 돌리면 만 권의 경을 읽는 것과 같으며, 한 가지 소원이 이루어진다고 한다. 수행하는 스님이 아니고서야 그 많은 불경을 어찌 다 읽을까. 한 번 돌림으로써 부처님의 말씀을 다 읽고 소원까지 이룬다니 늘 바쁘게 사는 민초로서 더없이 고마운 일이다. 하지만 음력 삼월 삼짇날과 구월 구일에만 돌린다는 문구가 붙어 있어 아쉬운 마음에 손잡이만 쥐었다가 놓았다 거듭했다.

고려 시대, 귀족 중심의 불교가 민중에게 다가서면서 만들어진 것이 윤장대가 아닐까 싶다. 농경사회의 민초들은 늘 일에 치여 살았다. 손발이 부르트도록 농사를 짓고 밤늦도록 길쌈을 하다 보면 불경을 손에 쥘 시간이나 있었겠는가. 더군다나 한자는 양반의 전유물과 같았기에 난해한 한자를 읽을 수 있는 사람은 많지 않았으리라. 이에 불가에서는 민초들의 마음을 헤아려 고단한 삶을 위무하려 했으니, 윤장대는 부처님의 말씀을 온 누리에 전하려는 상징물이 아닐까 싶다.

스스로 무언가를 알았다고 생각될 때 세월이 저만치 가버린 뒤가 되기 쉽다. 지난날을 돌아보면 늘 허기에 쫓겼다. 배고픈 고양이처럼 먹잇감을 찾느라 이곳저곳을 기웃거리기도 하였다. 내 손이 닿지 않는 걸 짐작도 못 하고, 욕심이 앞서는 바람에 호된 몸살을 앓고 나서야 허탈감에 빠지기도 했다. 얻을 수 없으면 놓아야 한다는 것을 알기까지 긴 시간이 가르쳐 주었다.

그렇다고 시간이 능사는 아니었다. 순리를 따르지 않은 내 성미도 한몫했다. 뜻하는 일이 마음대로 되지 않으면 속에서 콩을 볶아 대는 날도 있었으며, 어떤 날엔 머릿속에 바람이 든 것처럼 마음이 들썽하였다. 곧이곧대로 나갈 줄만 알았지, 에둘러 가는 길은 더더욱 몰랐다.

하지만 달과 해를 거듭하고 이런저런 일을 지나다 보니 그런 성미도 열기를 식히는 저녁 염전같이 고요히 식어간다. 가시 같은 뾰족함도 삶의 비바람에 조금씩 무디어지기 마련이다. 숱한 시련을 겪고 긴 참회의 시간을 지나야 꽃을 피울 자격이 되는가. 사람도 춘양목으로 세운 윤장대처럼 온갖 시련을 겪은 뒤라야 인성의 꽃을 피울 수 있는 자격이 주어지는지. 정성을 쏟은 후에야 조화롭고 이상적인 삶을 조명할 수 있게 되는지도 모른다.

머나먼 인생길에서 누구나 희로애락을 겪고 관혼상제의 관문을 지난다. 기쁨, 슬픔과 아픔을 겪으면서 인간의 도리를 행하는 의식 하나하나가 깨달음을 얻는 과정이다. 길가에 있는 들꽃이나 돌멩이 하나까지 말을 걸어보면 존재의 의미를 읽게 된다. 세상에서 존재하는 모든 것은 나름의 원原을 가지고 있다. 소소하지만 이러한 하나의 생각들이 모여 나를 깨우면 그것이 바로 삶의 경전이 아니겠는가. 윤장대 앞에서 나는 생각에 잠긴다.

밀가루도 약이라 속고 먹으면 아프던 병이 어느 정도 낫는다고 한다. '플라시보 효과'다. 윤장대를 한 번 돌리기만 하면 만 권의 불경을 읽는 것과 같다는 말이 사실이든 아니든 마음공부에 게을렀던 내게 위안을 준다. 자기만의 최면인지 알 수는 없지만, 믿음이 내면을 치유한다는 것은 예나 지금이나 통하는 모양이다.

윤장대를 돌려보지 못한 미련에 대장전에서 선뜻 나오지 못한다. 말도 많고 탈도 많은 인생사. 여기까지 살아오는 동안 알게 모르게 잘못을 범하지 않았으랴. 이 윤장대를 돌려서 내 업을 조금이라도 소멸하고 싶었지만, 그것을 돌리지 못해 몸으로나마 윤장대를 빙빙 돈다. 돌아서 나오면서도 뒤돌아보고 또 돌아보며 일주문을 나선다.

근성 물려주기

제가 아는 분이 문화수상자로 선정되었기에 축하를 드리러 가는 날이다. 마치 내가 상을 받는 것처럼 들뜬 마음으로 일찌감치 집을 나섰다. 가로수의 잎들도 그들을 축하하고 싶은지 팔랑팔랑 기립박수를 보내는 듯하다.

시상식 장소가 문학인들이나 예술인들이 흔히 드나드는 곳이 아니었다. 어느 회사에서 한다는 말을 듣고 처음엔 의아했지만, 골똘히 생각해보니 생소한 자리에 내심 마음이 더 끌렸다. 그 회사는 울산 석유 공단으로 향하는 초입에 자리하고 있었다.

드디어 문화상을 제정한 분이 모습을 드러냈다. 미수를 바라보는 연세였지만 아담한 키에 지팡이를 짚으셨다. 시상식이 진행되었다. 체구는 깡마른 수숫대처럼 보였으나 목소리만은 큰 강당을 울렸다. 그분은 시기적으로 어려울 때 태어나서 힘들게 살아왔다고 하셨다. 그래서 자신을 돌아보며 형편이 어려운 학생들에게 장학금을 지급하게 되었다고 한다. 그것도 한두 명에 그치는 게 아니라, 자그마치 일 년에 85명이라는 학생에게 주었다. 십 년 동안에 850명에게 준 것이다. 되짚어보면 책과 씨름하다 나른한 봄날 나태해지기 쉬운 청소년들이 아니겠는가. 장학금을 계기로 학생에게 얼마나 자신감을 주겠는가. 아마 어지러운 머리를 털고 다시 도전하는 자세를 가지리라.

그뿐만이 아니다. 형편이 어려운 여러 명의 예술인에게도 거금의 창작지원금을 주었다. 경제적 도움에 목말라 하는 문학인에겐 가뭄에 단비와 같은 약물이 아니겠는가.

그분은 축사에서 어렵던 일제 강점기를 거쳐 한국 전쟁을 겪어서도 꿈을 버리지 않았다고 회고했다. 처음에는 가스통을 자전거로 그다음엔 손수레로 한 사업이, 지금은 전국 각지에 10개의 큰 회사를 두게 되었다고 덧붙였다. 이렇게 되기까지는 고초가 왜 없었겠는가. 이런저런 극난을 뛰어넘었기에 크게 성장할 수 있지 않았으랴.

장학금을 받은 학생에게는 장학금이 중요한 게 아니라고 강조했다. 장학금을 받아 가는데 그치지 말고 자신의 근성을 닮으라고 목소리에 힘을 실었다. 용기와 패기를 지니라고 당부를 아끼지 않았다. 본인의 호가 춘포이라며, 춘포의 혼을 받으라고 하였다. 자신의 끈질긴 혼을 아낌없이 나누어 주겠다는 그 대목에서 나는 다물었던 입이 벌어지면서 귓전에서 경쇠 치는 소리가 났다. 순간 목이 꽉 막혀오면서 머릿속이 띵해지고 말았다.

십 년이 되었는데 앞으로도 계속 이어지길 원하였다. 아무 관련이 없는 이들에게 공을 바라지 않고 베푸는 마음이 바로 대자비가 아닐까 싶다. 춘포, 이분이야말로 세월의 묵정밭을 갈아 씨를 뿌리는 대농의 농사꾼이 아닐까. 베풀어도 소란하지 않고 남을 도와도 생색내지 않은 미덕. 그래서 더 위대해 보인다. 숨은 애국자라고 칭하고 싶다. 그분의 모습에서 내 마음은 동쪽 하늘의 푸른빛처럼 맑아지기도 하고 온 주위가 환해짐을 느낀다.

누구나 말은 쉽지만 진정으로 베풀기란 어렵다. 탐욕은 커트라인이 없기 때문에, 물질을 손에 넣어도 조건 없이 베풀기란 고양이가 생선을 눈앞에 두고 먹지 않는 것보다 더 어렵다. 대다수 사람은 자기보다 낮은 위치에 있는 이에게 베풀기보다는, 자신보다 높은 위치에 있는 이에게 굽실거리게 된다. 하지만 춘포문화상은 형편이 어려운 이들에게 주는 것이고 보면, 그의 깊은 내면을 읽을 수 있다.

헛개나무에서 구린내가 나고, 소나무에서 솔향이 나듯이, 나는 오늘 춘포문화상에서 향긋한 향기를 느낀다. 습기 없는 바람이 불어 나뭇잎마저 바싹하게 말라가게 하는 이맘때에 단비 같은 촉촉함, 코끝을 스치는 알싸한 향기를 맡는다.

시상식을 마치고 나오니 짧은 초겨울의 해가 어느새 저물었다. 가로수에 앉은 새들도 춘포의 근성을 배우려고 왔던가. 흥겹게 지저귀며 저무는 하늘가로 날아가고 있다.

4부

아직은 꽃이다

한 번은 공짜
–덤

덤을 받게 되면 기분이 좋아진다. 가치를 떠나서 받는 그 순간은 엔도르핀이 생기는 것 같다. 덤을 내걸어 놨는데 받지 못한다면 마음만 상한다. 살다 살다 이런 덤은 난생처음 보았다.

대로변에 펄럭거리는 현수막이 눈길을 붙든다. 다섯 번을 이용하면 한 번은 공짜라고 큼직하게 내걸어 놓았다. 늦은 오후인데 현수막이 갈바람에 춤을 춘다. 마치 어서 오라고 유혹을 하듯 펄럭펄럭 소리마저 요란하다. 한참을 서서 보니 흔히들 잘 가는 카페도 아니고, 신세대들이 줄을 서는 영화관도 아니다. 남녀노소 없이 드나드는 일반음식점은 더더욱 아니다. 해가 지기 바쁘게 건물 앞에 오색불빛이 아롱거리는 모텔이었다.

하기야 덤을 주는 데가 어디 한두 곳이겠는가. 가만히 꼽아보면 덤을 주지 않는 곳이 별로 없는 듯하다. 내가 자주 가는 카페에도 열 번을 가면 덤이 나온다. 한 번 이용할 때마다 하얀 스티커에 도장을 찍어준다. 그렇게 받은 도장이 열 개가 되면 차 한 잔을 덤으로 준다. 치킨을 시켜도 덤이 따른다. 열 번 시키고 나면 치킨 한 마리를 공짜로 받는다. 동네 사우나도 이용권 열 개를 한꺼번에 사면 한 장을 덤으로 준다. 대형마트는 그들 나름대로 전략을 내세워 주기적으로 덤을 얹어 외쳐댄다.

어디 마트뿐인가. 일반 정육점에서도 덤을 주는 날이 있다. 우리 집 앞 정육점에는 며칠이 멀다 하고 아침부터 사람들이 긴 줄로 늘어섰다. "오늘은 소 잡는 덤의 날"이란 현수막이 내걸리는 토요일이 되면 진풍경이 벌어진다. 비단 살림을 맡은 아줌마들만이 아니라, 아저씨와 학생들, 심지어 유모차에 의지하여 걷는 할머니까지 긴 줄에 동참한다. 인기 있는 영화를 보기 위해 차례를 기다리듯이 줄이 모퉁이까지 이어진다. 정육점이 정해놓은 적정한 가격만큼 고기를 사면 등골뼈를 덤으로 주기 때문이다.

오늘 모텔 현수막을 보니 허파에 바람이 든 것처럼 입이 다물어지지 않으니 참으로 모를 일이다. 하기야 커피나 치킨도 덤이 따르는데 모텔이라고 해서 덤이 없으란 법은 없다. 한편으론 기발한 아이디어다 싶은 생각마저 든다.

저 덤을 어떻게 해야 받을 수 있을까. 잠시 고민에 빠진다.

먹는 음식이 아니니 지나칠 때마다 사 먹을 수도 없고, 생활용품도 아니라서 필요할 때 쓰려고 사모아 둘 수도 없는 일이다. 누구와 다섯 번을 이용할 것인가. 모텔이라는 곳이 펜션과는 달라 형제간에 모여서 에헤야 대헤야 노래를 부르며 밤을 새우는 장소로도 마땅찮고, 친구들과 모임을 해 시끄럽게 수다를 떠는 곳으로도 적합하지 않다. 그렇다고 해서 짜릿하게 전율이 흐르는 숨겨둔 연인이 있는 것도 아니니, 오늘만큼은 연인이 없는 것이 한이다.

한때 나도 덤이라면 무슨 수를 써서 받아야 직성이 풀렸다. 신문에 끼워온 광고지를 보고 가지 않고는 못 배겼다. 백화점의 할인판매 기간에도 정해진 액수에 해당하면 덤으로 주는 선물이 있었다. 걸어놓은 덤을 받지 못하면 큰 행운을 놓치는 것 같아 어떻게 하든 그 금액을 맞추었다.

혹여 정해놓은 금액에서 조금 부족할 때는 백화점의 식품 판매대로 달려갔다. 멀찌감치 서서 좌우로 사람들의 동정을 살폈다. 식품을 사고 계산을 하는 사람에게 다가가 전후 사정을 얘기하고 쓰지 않는 영수증을 얻어 금액을 맞췄다. 그렇게 해서라도 덤을 받아야 집으로 향하는 발걸음이 가벼웠다. 용을 썼다기보다는 기를 썼다는 편이 더 맞는 말인지도 모른다. 그러다가 저녁밥이 늦어져 야단을 맞을 때도 더러 있었다. 야단을 들어도 받은 덤을 만져보며 마음이 흐뭇해지곤 했다.

덤을 좋아하는 성격 탓인지, 무료라는 글귀가 눈앞에서 지워지지 않는다. 공짜로 준다는데 실실 욕심이 발동한다. 저곳에는 한 번 가면 무엇으로 표대로 삼을 것인지. 카페처럼 앙증맞은 토끼가 그려진 도장을 찍어 줄까. 아니면 치킨집처럼 동그란 원에 꽁지를 치켜든 토종 암탉이 그려진 스티커를 한 장씩 주려나. 모텔이니까 선전 겸 상호가 새겨진 명함을 주려나. 생각할수록 궁금함이 짙어진다.

가령 저 덤을 받으려면, 남편과 온다고 쳐도 한두 번도 아니고 다섯 번이나 어떻게 올 것인가. 멀쩡한 집을 놔두고 가자고 조르면 안 하던 짓 한다고, 남편의 성격상 틀림없이 나를 정신병자 취급할 것이 뻔하다. 하룻밤씩 묵으러 오고 싶어도 집에서 반 시간 거리니 그도 틀린 일이다. 잔머리를 요리조리 굴러봐도 대책이 없다.

모르면 약이고 알면 병이라더니 "한 번은 공짜"라는 문구를 본 내가 괜히 정신이 산만해 온다. 여태껏 덤을 좋아해서 나의 사족이 무던히 바빴으나, 이런 덤 저런 덤 다 받아 봤건만 이 '덤'만은 못 받아 보겠다. 아무리 고심을 거듭해도 나로서는 불가능한 일이다.

나이를 이르는 데 있어 육십을 이순耳順이라고 한다. '육십갑자'를 완전히 한 바퀴 돌아와서 육십한 살에 다시 돌아간다는 의미에서 회갑을 맞는다. 그 이후는 인생의 '덤'이라 했다. 이순이 넘으면 남의 언행에 함부로 간섭하지 말며, 귀는 닫고 악을 멀리하여 순하게 살아가라는 뜻으로 순할 순자를 쓰지 않는가.

백세시대라고 하면 사십 년이나 덤으로 살아갈 내가 아닌가. 나도 올해부터는 덤을 받는 중이다. 덤으로 사는 인생, 그것보다 더 큰 덤은 어디에도 없다. 덤으로 천지 만물을 다 보면 됐지 무엇을 더 바라랴.

나의 덤은 무엇에도 견줄 데가 없다. 다이아몬드나, 황금이나, 샹들리에의 화려한 오색 불빛은 내가 받을 덤에는 비할 것이 못 된다. 주위를 둘러보고 내 안을 살핀다. 나이에 맞지 않게 덤에 현혹되어 잠시 들떴던 마음을 가라앉힌다.

아직은 꽃이다

아침부터 온몸이 물먹은 솜뭉치 같다. 눕고 싶은 마음이 간절하지만, 손님이 온다는 전화를 받고 보니 시장에 가지 않을 수 없다. 이것저것 사 들고서 공원 옆 도로를 지나칠 때다. 흰 철쭉은 무리를 지어 피어나 짙은 향기를 뿜어댔다. 코끝을 자극하는 향기에 취해 걸음을 천천히 걸었다.

사람의 눈과 곤충의 눈도 보는 각도에 따라 달라지는가. 내 머리 위에서 윙윙거리는 소리와 동시에, 번개같이 날아와서 점프하듯 내 목에 딱 쏘아붙였다. 순간 양손에 들었던 물건을 땅바닥에 떨어뜨렸다. 정신이 아찔했다. 눈 깜박할 찰나에 일어난 일이라 얼떨떨했다. 윙 하는 소리를 따라 손으로 마구 내저었다. 귀밑 목에 무언가 잡히는 것이 있었다. 무의식적으로 손으로 털어냈다. 내 발 앞에 앵하며 떨어지는 게 아닌가. 그것은 벌이었다.

쏘인 자리는 탁탁 쑤어 마치 바늘로 콕콕 찌르는 것 같았다. 엉거주춤 허리를 구부려서, 찌르는 부위를 털어낸다고 분주할 때였다. 마침 매끈하게 양복을 차려입은 노신사가 길을 지나다가 뒷걸음을 쳐서 다가왔다.

"왜 그러세요. 어디 아프세요?" 라며 물어왔다. 풍기는 인상이 의사가 아니면 약사로 보였다. "네 아파서요." 정신없이 연신 목을 만지고 있는 나에게 점점 더 가까이 다가와서 아픈 데를 보자고 했다. 엉겁결에 낯선 사람인데도 목을 내밀었다. 그분은 손으로 침을 뽑아 나에게 보여 주면서 큰 벌에 쏘인 거라 했다. 벌침은 흡사 까만 가시 같았다. 몸에 좋은 약침을 오히려 잘 맞았다고 하였다. 그리고는 느닷없이 한마디 더 덧붙이는 것이 아닌가.

"아주머니가 진짜 꽃이에요."

무슨 말인지 어리둥절할 수밖에 없었다. 아무 생각 없이 고개만 갸우뚱거렸다. 그런 나를 향해 노신사는 미소를 흘리면서 벌이 꽃인 줄 알고 있는 힘을 다해 찾아든 거라고 하였다. 진짜 꽃을 찾을 줄 아는 참으로 현명한 벌이라고 하였다. 황당했다. 아파서 인상을 찌푸리고 있는데, 생뚱맞은 소리를 하는 사람이 이상한 것 같았다. 그 말을 남기고도 모자라는지, 옷조차 고운 진분홍이어서 벌이 진짜 꽃이라고 여길 수밖에 없는 거라며 휘청휘청 걸어갔다. 그때에서야 내가 이래저래 오지게 한 방 쏘였다는 현실이 실감 났다.

내가 쏘인 벌이 말벌이 아니고 꿀벌이었다. 말벌은 침이 목표물에 꽂힌 뒤 다시 빠져나와 날아간다. 하지만 꿀벌은 신상에 위협을 느끼게 되면 마지막 기운까지 다 내어서 한 번 쏘고는 살아나지 못한다. 그 벌은 자신을 위해서가 아니라, 여왕 유충을 위해 희생한다. 자신은 회생하지 못할망정, 종족을 보호하고 협력하는 차원에서 스스로 숨을 거둔다. 비록 작은 곤충이지만 함부로 볼 일이 아님을 깨달았다.

위급에 처하면 자신부터 살려고 달아나기 바쁜 인간들과 대비된다. 벌은 꽃을 방문하여 꿀을 수집한 뒤에 이 꽃엔 '꿀 없음'이란 표시를 남긴다. 다른 벌들이 꽃에 앉기 전에 메시지를 보고서 불필요한 헛수고를 하지 않도록 배려를 잊지 않는다고 한다. 벌의 이런 점에 놀라지 않을 수 없다. 벌들은 꽃이 있는 곳이라면 있는 힘을 다해 비행속도를 내서 일하는 날수를 늘인다. 말 못하는 곤충이지만, 인간에게 벌은 스승이라는 생각이 든다. 종족을 위함이나 근실함이나 우리가 배워야 할 부분이다.

아픈 목을 만지면서 꽃이라는 말을 되짚어보니 겸연쩍은 표정이 지어진다. 어찌하여 노신사의 그 말이 귓전에서 떠나지 않을까. 헛소리라 해도 기분은 나쁘지 않다. 아니 축 처진 내 몸의 비타민이었다. 실웃음이 나오다가 끝내는 나도 모르게 소리 내어 웃었다. 누가 듣거나 말거나 큰 소리로 말했다.

"그래 맞다. 나는 아직 꽃이다."

그 말을 하고 난 뒤 괜히 어깨와 목에 힘이 들어갔다. 축 늘어지던 다리도 어느 사이 가뿐해졌다. 돌덩이를 매단 것처럼 무겁던 몸도 한결 가볍다. 느릿느릿하던 발걸음 또한 무거운 보따리를 들었어도 훨씬 재발라졌다. 쏘인 목은 퉁퉁 붓고 따가워도 기분은 업그레이드된 것이 분명하다.

형체는 변한 것이 없건만, 노신사의 한마디 말에 몸의 신경들이 달라지는 이유가 뭘까. 어린아이같이 이렇게도 마음이 변덕을 부리는지 내 정신 연령을 가늠하기 어렵다. 여차하면 변하는 게 사람의 심리라고 했던가. 마음이 시시로 바뀐다고는 하지만, 이처럼 바뀌게 되는 것도 처음이다.

다시 생각을 해봐도 곤충의 눈이라고 다 현명하지만은 않다. 과연 정확하다고 말할 수 있겠느냐 싶다. 내가 꽃 앞을 지나가니 아마 벌은 대단한 적으로 여겨 힘껏 쏘아붙인 거다. 주위에는 때가 때인 만큼 봄의 끝자락이 아쉬운지 크고 작은 꽃들이 앞을 다투어 만개했다. 고운 꽃에나 앉지 왜 나에게 달려들었는지 모를 일이다.

요술을 볼 때면 시력이 좋은 사람이라도 속지 않을 수 없다. 요술쟁이가 아무리 요술을 잘 부려, 만 사람의 눈을 속여도 장님은 현혹할 수 없듯이, 사람도 늙으면 벌 · 나비를 속일 수 없다. 인생 이순이면 눈먼 새도 아니 오고, 날아오던 나비도 빙 둘러 간다고 하였다. 이것이 억울해서 요즘 내 친구들이 쓰는 신조어가 재미있다. 한 달에 한 번 만나는 모임에서 거두절미하고 예순은 스무 살로 나간다. 예순하나는 스물하나, 예순둘은 스물둘, 이렇게 부른다. 누가 먼저랄 것도 없이 언젠가부터 다들 그렇게 부르고 있다. 처음엔 서로 쳐다보며 웃기라도 했지만, 이제는 당연하다는 듯 아무렇지 않게 받아들인다.

오늘만큼은 그 말을 진짜로 받아들이는 내가 사춘기다. 아니 이팔청춘이다. 벌이나 사람이나 시력 같은 것은 따질 필요가 없다. 그건 내가 알 바 아니다. 바로 곁에 진짜 꽃을 두고도, 나에게 꽃이라고 하는 노신사의 말을 믿고 싶을 따름이다. 바람결에 날아가는 사람의 말침이든, 원치 않게 갑자기 맞은 벌침이든 오늘은 나의 몸과 마음이 한낮의 벌통이다. 벌이 찾지 않으면 꽃이라고 말할 수 있으랴. 밉든 곱든 젊었든 늙었든 벌이 날아들면 꽃인 것을 노신사의 말처럼 나는 분명 꽃이었다.

착각해준 벌이 밉지만은 않다. 며칠이 지났어도 여전히 벌침을 맞은 부위가 가렵고 살이 빨갛다. 그러나 나는 아직 꽃이기에 그까짓 것쯤은 개의치 않으련다.

해자

하늘을 헤엄쳐 지나던 구름도 반월성에 머문다. 반월성 둘레를 따라 걷다 보면 전설같이 전해오는 과거가 그려진다. 우거진 숲 아래로는 성터를 끼고 강이 돌아 흐른다. 자연이든 인공이든 강물은 성 외곽을 지키며 풍경을 이룬다.

이 성터에만 오르면 갈래머리 소녀로 돌아간다. 여기저기 피어난 노란 민들레처럼 한때는 환한 얼굴로 끝없는 나래를 폈다. 친구들과 조잘거리며 너른 성터를 배회한다. 성터 안팎에선 벚나무에는 튀다 만 수수 튀밥 같기도 한 봉오리들이 우리들의 이야기만큼이나 종알종알 매달려 있었다. 막냇삼촌 얼굴에 돋은 왕여드름 같은 벚꽃봉오리들이 나뭇가지를 감고 있다가, 동해남부선의 기차가 지르는 기적 소리에 놀라서 팍 터뜨리는 그 날의 그림으로 당겨놓는다.

그때는 성터를 놀이터 이상으로 여기지 않았다. 아지트에 온 것처럼 편안한 마음에 누가 먼저랄 것도 없이 노래를 불러댔다. '사춘기에 이팔청춘에 학교에서 공부할쏘냐.'며 멋대로 작사를 해서 불렀다. 푸른 잔디를 안방 삼아 하늘을 마주하고 드러눕기도 했다. 실없이 떠드는 우리들의 노래도 웃음도 푸른 성터 위로 먼지처럼 날아갔다. 웃고 떠들어도 남의 눈치를 보지 않아도 될 장소로는 여기만 한 곳이 없었다. 어떻게 하면 조금 더 많이 놀 수 있을까. 자유롭게 놀기를 좋아하는 소녀에겐 성터는 해방구였다. 마음으로 세상을 볼 줄 모르던 때라 고색창연한 옛 문화의 향기를 느끼지 못했으며, 수려한 경관을 보고서도 그러려니 했었다.

성터와 해자垓字는 그 자리에서 변함이 없다. 돌아보면 성곽을 높게 쌓을수록 해자가 깊고 길게 생겨난 것 같다. 거대한 성을 축조하기 위해서는 다량의 흙이 필요했으리라. 흙을 파낸 자리가 웅덩이가 되고 거기에 물이 흐르도록 만들었다. 평화로울 때는 풍경으로 남았다가 전시에는 일차 방어막이 되었다. 성을 하나 쌓더라도 기능과 풍경을 고려한 옛사람의 지혜가 돋보인다.

반월성은 북쪽에는 북천 내를, 서쪽엔 서천 내를, 그리고 남쪽으로는 남천 내를 자연적인 해자로 둘렀다. 동쪽으로는 웅덩이를 파서 인공적으로 해자를 만들었다. 지금의 안압지다. 삼국통일을 이룬 후에는 사면에 돌을 깔아서 석축 호안을 만들어 해자의 외적인 기능을 추가하였다. 안압지는 특이하게도 연못 중앙에 임해당을 세우고 관상적인 목적을 두었다. 국내에서는 가장 먼저 만든 인공 연못이 안압지이며, 해자로 삼던 것을 유일하게 다른 용도로 쓰고 있다. 안압지가 우리의 정원 문화에 최초로 영향을 발휘한 본보기가 되지 않았을까 싶다.

역사를 이해한 오늘에야, 과거와 현재를 비교하며 성터를 거닌다. 되돌릴 수 없는 나의 사춘기 시절이 지나간 자리에 세월을 읽는 엷은 미소 한 자락 뿌릴 뿐이다. 순간, 바람이 훅하고 우직하게 서 있는 나뭇잎과 나를 번갈아 해작거리며 지나간다. 고개를 드니 바로 눈앞에 누각 구름이 일어나는 낭산과, 마주 보고 둘러쳐진 남산이 팔만 뻗으면 손에 닿을 듯하다. 지붕 없는 박물관이 된 고적지, 천연의 조화를 이룬 해자가 자신의 역사를 돌아보는지 느릿느릿 흘러간다.

성을 보호하던 해자가 오늘에 와서는 아름다운 풍경에 빠질 수 없는 한 축이 됐다. 잠을 자지 않는 해자는 해가 뜨면 은빛이었다가, 짙푸른 녹음이 되었다가 하늘빛이 되기도 한다. 그럴 때면 구름도 그에 뒤질세라 하늘도화지에 마법의 그림을 그린다. 해자는 그림을 받아 안고 성터의 옆구리를 간질이며 흐르고 있다.

반월성에서 사방을 바라보면 목가적인 풍경에 빠져들게 된다. 박물관, 안압지, 첨성대며 둥그렇게 솟은 푸른 대릉원이며, 궁궐처럼 웅장하게 기와를 이은 월정교는 하나같이 작품이다. 바람은 청량하고 품은 풍성하다. 아무리 눈에 담아도 넘치지 않는 고아한 풍경에 이끌려 나는 온갖 생각에 잠긴다. 인간은 생각하는 갈대라고 말한 파스칼이 이랬을까. 반월성에서 해자를 내려다보니 '나는 무엇인가?' 하는 의문이 고개를 든다.

부모도 성을 지키는 해자와 같다. 자식을 위해서라면 자신의 안락은 생각지 않는다. 공부할 때는 성적 걱정, 공부를 마치면 사회에 나가서 제자리를 잡지 못할까봐 전전긍긍이다. 등 너머 등이고 산 너머 또 산이다. 짝을 맺어주어도 무슨 일이 있으면 부리나케 달려가는 게 부모다. 잘사는 모습을 아름다운 풍경처럼 바라보고 싶다. 부모는 늘 자식의 주변을 해자처럼 감싸고 돌라는 운명인지도 모른다.

자식 걱정은 놓으려 할수록 자꾸 마음의 중심에 들어온다. 저 알아서 하려니 하다가도 자식의 힘없는 목소리만 들어도 마음이 쓰인다. 있는 것 없는 것 다 주어도 늘 부족하게 느껴진다. 정신이 살아있는 한 양수에서 무덤까지 조금이라도 더 튼튼한 방어막이 되어주고자 한다. 자식의 주변에서 멀어지지 못하고, 있는 힘을 다하는 나 또한 성을 감싼 해자와 동일하다는 생각이 든다.

세월이 흐르고 시간을 덧댈수록 풍경은 깊어진다. 나무는 넓은 그늘을 거느리며 숲을 이루고, 숲은 생명의 휴식처가 된다. 해자가 돌아 흐르는 풍경 속에서 일상에 지친 사람들이 피로를 푼다. 내일도 모레도 변치 않고 이 자리에 있을 반월성 해자는 앞으로도 내내 이곳을 찾는 사람에게 사색을 주는 풍경으로 남을 것이다.

해자처럼 주어진 본분을 다한 뒤, 나도 아름다운 풍경 한 조각으로 남을 수 있을까. 평탄하지는 않았지만, 할 일을 다하고 뒤를 돌아볼 때, 그래도 열심히 살았노라고 내 삶을 위무할 수 있다면 그것 또한 아름다움이 아닐까 싶다. 자식이 더 성장해서 나를 바라볼 때, 언제 보아도 편안한 풍경이 될 수 있다면 더 바랄 게 없겠다.

천 년 동안 궁궐이 자리했던 넓고 너른 성터를 천천히 내려온다. 돌아 흐르는 해자 위에 오후의 지는 햇살이 마지막 빛을 쏜다. 물은 옛이야기를 속삭이듯 느릿느릿 흘러간다. 군데군데 핀 억새꽃이 가을바람에 떠밀려 물결 위에 뿌린다. 해자는 천연견사로 수를 놓은 듯 흰빛을 반짝이며 흘러가고 있다.

바람의 말

금오산 중턱을 오른다. 도선 굴을 향해 오르는 길은 깎아지른 절벽뿐이다. 흙이라곤 없으니 굴 주위엔 나무 한 그루는커녕 풀 한 포기도 없다. 바위를 쪼아 설치한 쇠줄과 밧줄을 붙잡고 게걸음을 걸어야 했다. 어느 지점에서는 자신의 몸길이를 재는 자벌레처럼 온몸을 엎드려 기어올랐다. 마침내 거대한 화강암에 뚫린 큰 굴에 다다랐다.

자연의 위력은 신비롭기만 하다. 올라오는 가파른 길과는 딴판으로 굴 안은 평평하고 방처럼 아늑하다. 바위에 뚫린 대혈大穴. 길재 선생이 벼슬을 버리고 숨어든 곳이라 하여 야은굴, 이라 부르기도 하고, 풍수지리의 창시자 도선국사가 여기서 도를 닦았다 하여 도선굴이라는 안내판을 세워 놓았다.

도선국사가 풍수지리를 보고 헛소문을 퍼뜨렸다는 곳이다.

도선국사는 신라 땅이 큰 배의 지형이라 풍랑도 없이 흥하는 땅이라고 내다봤다. 안전하게 떠 있는 큰 배의 모양이어서 언제까지 순탄할 거라고 예언했다. 그는 호시탐탐 신라를 노리는 세력들에게 묘책을 일러줬다. 신라의 수도 경주는 풍수로 보면 봉황의 형상이므로, 봉황의 알을 만들어 경주 땅 중앙에 두면 봉황이 알을 품느라 날아가지 못한다. 그렇게만 하면 신라는 영원무궁 태평성대하리라는 헛소문을 퍼뜨리라고 가르쳤다.

바람같이 떠도는 말이 소문이다. 봉황에 관한 소문은 입에서 입으로 건너 바람 탄 불길처럼 번져나가 신라 조정까지 퍼졌다. 소문을 들은 신라는 봉황 알 만들기에 바빴다. 커다란 무덤을 만들어 봉황대鳳凰臺이라는 이름을 붙여 경주의 정중앙에 두었다. 이 사실을 들은 고승은 배 안에 흙무덤을 산같이 쌓아 두었으니, 배가 무거워서 더는 나아가지 못한다고 했다. 그래서 일까. 신라는 56대 경순왕을 끝으로 왕도를 넘겨주게 되었다.

여기 와서 보니 도선국사가 헛소문을 낸 의문이 더 짙어진다. 길도 없는 천 길 낭떠러지에 딱딱하다 못해 미끄러운 돌 섶을 엉금엉금 기어야 올라올 수 있다. 이런 곳에서 도를 닦은 사람이 무엇 때문에, 한 나라의 흥망에 대해 왜 헛소문을 띄운 것일까. 소문이 그렇게 났다 하더라도 삼국을 통일한 신라의 위력이 어디로 가고 풍수지리에 현혹되어 추후의 망설임도 없었던가. 경주 땅의 지세가 배 형이라면, 배 안에 흙을 산더미같이 실어 놓고 봉황을 붙잡았다고 기뻐했을 그 어리석음.

누구나 속을 때면 감쪽같이 넘어가게 마련이다. 근거도 없이 떠도는 소문이 엉뚱한 결과를 빚는다. 실체가 없는 소문은 눈에 보이는 총칼보다 더 무서운 무기가 될 수 있다. 아무리 현명한 사람이라도 한 번쯤은 소문에 넘어가게 된다. 소문에 휩쓸리지 않으려면 신중하다 못해 진중해야 할 것 같다.

곰곰이 되짚어보면 신라가 헛소문에 사로잡힌 것이 이해가 되기도 한다. 내가 자랄 때만 해도 텔레비전도 없었고 신문을 받아보기란 지방에서는 엄두를 내지 못했다. 그렇듯이 신라 때라면 소문이 긴요한 정보일 수밖에. 정보를 알 수 있는 통로가 소문이었겠지. 어찌 보면 그때나 지금이나 소문처럼 확실한 것도 없고 소문같이 불확실한 것도 없으리라.

1960년대만 해도 소문만 듣고 혼사를 결정지었다. 내 어머니도 언니도 선도 안 보고 결혼을 했다. 상대 가문에 대한 떠도는 소문만 믿고 혼사를 치르는 일이 마을마다 허다했다. 그래서 무시할 수 없는 것이 바람 따라 떠도는 소문이고, 두려운 것도, 무서운 것도, 소문이다. 진정한 믿음의 심성. 그것을 따르자고 기약도 안했지만, 기약이나 한 것처럼 그것을 믿고 살아오지 않았나.

봉황은 새 중에서 귀족이다. 오동나무 장가지가 아니면 앉지를 않고 백 년 묵은 대나무의 꽃이 아니면 따먹지도 않는다는 상상의 새다. 봉황은 태양과 인간과 불가분의 관계를 가지고 있다. 닭과 더불어 양陽을 상징한다. 양은 만물을 동하게 만든다. 먼동이 트려면 닭이 울고 닭이 울어야 날이 밝아온다. 한 마리의 수탉이 목청껏 긴 울음을 뽑으면 잠자던 닭들이 따라서 울고 모든 새가 그 소리를 듣고 잠에서 깨어난다. 그런 연유에서인지. 구식 결혼식을 올릴 때도 수탉은 봉鳳, 암탉을 황凰,이라 여겨 두 마리 닭을 보자기에 싸서 초례청에 앉혀 놓고 예식을 올렸다.

봉황대는 이름만큼 듬직하고 둥글다. 높이 22미터, 길이 82미터다. 단독 고분 중에서 경주에서 최고 큰 무덤이다. 언제부턴가 나는 봉황대 앞에만 서면 생각에 잠긴다. 가렵지도 않은 머리를 손으로 쓱쓱 긁으면서 발길을 멈춘다. 헛소문, 허위, 허망, 반면에 진정한 말, 정확한 정보, 진실 등 여러 낱말의 의미를 되새기게 된다. 인간은 복합적 사고와 여러 개의 감정이 반죽이 된 동물이다. 어쩌면 봉황대는 헛소문이 더는 펴져 나가지 못하도록 가두고 있는지도 모른다.

헛소문이라도 참으로 믿으면 참이 되기도 한다. 나라를 지켜주는 봉황알로 믿었으니까, 신라인들은 전통 악기인 타악기와

관악기로 봉황대 앞에서 연주를 시작했다고 전해진다. 길흉사나 전투 시에도 군사들의 사기를 돋우기 위하여 국악 연주회를 열었다. 고유의 신라 금으로 백결선생이 488년에 연주했다는 기록이 전한다. 그와 더불어 우리나라 최초의 국악을 관장하는 음성서音聲署 가 신라에 있었다 하니, 국악의 뿌리가 경주임을 확인시켜 준다.

근래에 경주시는 봉황대에서 갖가지 행사를 치른다. 신라 때의 제례 행사를 엄숙히 거행하고 있다. 그때의 의관을 갖추어 입고서 외국 사신을 맞는 예와 행렬 등을 봉황대에서 재현한다.

어쩌면 이런 행사의 취지는, 신라의 원정신을 하나씩 되살리자는 뜻일 게다. 잠시나마 기만을 당했다는 면구스러움을 닦는 마음에서일까. 지난날의 어리석음을 씻는 의식인지도 모른다.

예술인들이 경주에 왔다 하면 재주를 펼치는 무대가 봉황대다. 천연 무대 위에서 오색 조명이 춤을 추면은 날개가 오색으로 빛나는 봉황이 허공을 향해 날개를 치는 것 같다. 푸른 비단결 잔디 무대에서 우리의 국악이 울려 퍼지면 덩실덩실 어깨춤이 나오고, 생기 넘치는 힙합을 들으면 거미줄에 걸린 곤충들도 감흥이 일어나서 몸을 흔들고 말리라. 이렇듯 봉황대는 경주의 부흥과 명 고적지를 알리고 신라 천 년의 가치를 부각하는 데 한 측이 됐다.

봉황대는 지금 이름값을 톡톡히 하고 있다. 외국인 국내인 계절을 가리지 않고 찾아온다. 수천 폭 초록 비단에 싸인 봉황대를 보기만 해도 상서로운 기운이 일 것 같은 느낌 때문인지도 모른다. 오천 년이 아닌 만 년이 흘러간대도 봉황대는 영원한 봉황의 알로 남아 신라 천 년의 경주를 흥하게 하리라.

도선굴을 보고 나서 멍하니 바위에 앉았다. 경주의 봉황대를 떠올리면 알을 품은 커다란 봉황이 눈앞에 나타난다.

푸른 고래

바람의 기운이 훈훈한 오월의 늦은 오후다. 이즈음 저녁노을은 울산 시내를 끼고 서쪽에서 동쪽으로 흐르는 태화강 위로 흩뿌려진다. 산줄기를 따라 높고 낮은 산들이 강을 둘러싼 태화강을 지켜보면 마치 연어가 금방이라도 올라올 듯 신선한 물줄기가 한결 여유로워 보인다. 바다로 이어진 강이 산과 동네를 함께 품은 덕분에 울산이 더욱 안온하게 숨을 쉬는 것 같다.

강변 둔치에는 갖가지 꽃들이 끝도 없이 흐드러졌다. 흰색, 연분홍, 붉은색이 무더기로 꽃 사태를 이루었다. 작약꽃과 양귀비꽃이 한꺼번에 피어 누굴 유혹하려는지 요염한 자태로 바람에 흔들리면 둑 사이로 흐르는 강물이 더욱 생동한다. 고래가 뿜어낸 물이 햇살에 산란하는 무지갯빛이랄까. 그럴 때면 강 옆 대숲도 푸른 물인 양 강물 따라 일렁인다. 산과 물과 꽃과 대나무가 어우러져 세상에 둘도 없는 물과 바람의 선경을 만들어 낸다.

울산 태화강으로 나가면 언제나 내 감정은 자신도 모르게 들뜬다. 만개한 꽃이 생기 머금은 여대생이라면, 쭉쭉 뻗은 대나무들은 푸른 제복을 입은 육군사관생도 같다. 푸른 대밭은 언제 찾아와도 젊음을 내뿜는다. 진한 녹색의 몸피와 연초록 잎을 망토처럼 걸친 대나무는 미끈한 야성미를 듬뿍 풍긴다. 원색의 대숲에서 울리는 바람 소리가 땅속을 타고 하늘로 오르는가 싶어 마른 댓잎을 발로 쓱쓱 헤쳐 본다. 희끄무레한 뿌리들이 종횡으로 얽히고설켰다. 연장 하나 없이 저 뿌리들이 어떻게 딱딱한 땅을 뚫었을까. 댓줄기를 보면 뿌리를 안다는데, 자연의 본질인 지심地心의 기운과 민초의 근성을 울산 대숲에서 본다.

우리의 오천 년은 강대국으로부터 끝없는 억압을 받아왔다. 몽골 침입과 임란을 비롯하여 크고 작은 침입이 끊이지 않았다. 같은 민족이건만 이념이 달라 지금도 남북은 긴장을 유지하고 있다. 그러나 지난 역사를 돌이켜보면 절망의 시련에서도 굳건히 버티어 낸 시절이 많다. 베여지고 짓밟혀질수록 오직 견뎌내야겠다는 일념으로 대숲처럼 일어선 민족이다. 대나무 뿌리처럼 개인의 안위를 버리고 대중大衆을 위해 애를 쓴 민초들이다.

대나무는 저절로 크는 줄 알았다. 주어진 환경에 따르기만 하면 아무런 애로사항이 없는 줄 알았다. 대숲 뿌리를 지켜보니 땅을 기듯이 엎드린 마디들이 예사로 보이지 않는다. 어떤 것은 땅 밑으로 숨어들고 어떤 것은 땅 위로 불룩 나왔다. 땅 위로 드러난 뿌리는 유난히 마디가 거칠다. 이런 모습으로 땅의 물기를 빨아들여 몸체와 줄기를 지켜준다. 뿌리가 마디마다 꾸불꾸불해진 것은 생존하기 위한 처절한 몸부림 일지도 모른다.

대숲을 반쯤 지나자, 불현듯 죽순이 눈길을 잡는다. 짙은 갈색 죽순의 모습이 분기탱천하다. 용기가 솟구치고 분출한 사내의 기백을 고스란히 보여준다. 제비초리같이 뱅뱅 틀어진 끝은 송곳처럼 뾰족하면서 부드럽기 이를 데 없다. 여기저기 우뚝우뚝 불거진 죽순이 마치 울산 바다에서 고래들이 숨을 고르면 뿜어내는 물줄기를 연상시킨다. 울산이라는 지명 때문이 아니라 고래의 물줄기와 죽순의 모양이 과묵한 직립의 투지를 내비치기 때문이다. 컴컴한 땅속에서 때맞춰 죽순을 밀어 올린 뿌리들의 노고에서 또한 동해 영토를 지킨 태화강의 저력도 지켜본다. 식물이나 인간이나 뭉침이란 이런 것인가. 대나무 뿌리가 말하는 것은 생명이 있는 동식물계에도 적자생존이라는 법칙을 보여준다.

전망대에 올라 굽이굽이 흘러내린 태화강과 녹색의 덩치인 대숲을 내려다본다. 푸른 고래, 금방이라도 거대한 몸을 일으켜 강을 내려가 바다로 달려갈 모습이다. 강이 바다로 향하는 지점이 고래의 주해역임도 우연의 일치가 아니리라. 바람이 일렁이자 거대한 대숲이 일어나 바다를 유영하는 고래로 보인다. 대숲이 바닷바람에 약동하는 푸른 고래라면, 대숲에서 겉으로 잘 보이지 않는 대 뿌리들은 고래의 심줄에 가깝다. 고래의 힘은 질긴 근육에서 나온다. 세찬 파도를 이겨내고 망망대해에서 거침없이 달리려면 쇠줄보다 더 질긴 심줄이 있어야 할 터. 그것이 고래의 생명이다. 그래서 쉽게 끊어지지 않는, 질기고 질긴 사람의 근성을 고래 심줄 같다고 한다.

울산의 지형이나 사람들의 기질이 고래를 닮았다. 울산은 불과 50-60년 전만 해도 어업과 농업으로 생계를 이어온 소읍이었다. 그러던 울산이 고래의 힘을 닮아 박진감 넘치는 대산업 도시로 탈바꿈되었다. 고래가 뛰놀던 바닷가에는 에너지의 심장 정유공장이 세워졌고, 울산만을 끼고 쭉쭉 뻗은 왕대 같은 굴뚝이 하늘을 향해 불을 뿜어낸다. 에너지를 만들어내는 열기가 포신 같은 굴뚝에서 쉬지 않고 뿜어 나온다. 그 붉은 열꽃이 밤이면 인근 지역까지 환하게 비친다. 원료를 받아 저장하는 탱크도, 생산된 에너지를 모아두는 탱크도 110만의 울산 인구가 한 탱크 안에 다 들어갈 수 있는 크기이고 보면, 울산시 자체가 큰 고래라고 해도 지나치지 않을 것이다. 에너지를 전달하는 울산 땅에 묻힌 송유관이 대 뿌리처럼 뻗쳐있다. SK와 쌍용정유공장 내에 설치된 파이프(배관)의 총길이도 지구를 서른다섯 바퀴를 돌 수 있는 길이로 달나라까지 연결할 수 있다고 한다.

소금밭이었던 바닷가가 자동차 메카와 조선업의 본거지가 되기까지는 시련의 시간이었다. 그 뒷면에는 도전을 두려워하지 않고 힘을 모아 갯벌이든 황무지든 갈밭이든 개척을 한 땀 흘린 노동자들의 노고가 숨어있다. 고래 심줄 같은 질긴 투지로, 대숲 뿌리 같은 근성으로 버티어냈기에 오늘날 산업 메카가 되었다. 태화강 옆 대숲이나 동해안 고래나 산업 전사들이나 뚝심만은 동일하다고 느껴진다.

언제부터인가 자취를 감추었던 고래가 다시 울산 앞바다에 나타나고 있다. 바다를 회귀하여 찾아오는 것은 대숲이라는 그들의 푸른 고향이 있어서가 아닐까. 댓잎들이 사락거리는 소리는 분명 고래들이 호흡하는 소리와 같은 파장을 가지고 있다. 휘휘 휘익, 대숲과 바다 고래가 서로를 부르는 음조는 울산이 지켜야 할 자연의 소리이다.

아침의 대숲이 햇살을 받아 바다의 윤슬처럼 반짝거린다. 저물녘에는 노을에 반사된 대숲이 붉은 비단을 필필이 내걸어 놓은 듯하다. 비가 오는 날 대나무가 흔들리면 고래가 요동치며 밀어내는 파도 같다. 우두둑 싸 앗싸 빗물이 휘날리면 수면으로 몸을 드러낸 고래가 푸푸 물보라를 흩뿌려대는 형상이다. 그런 날엔 십리대숲을 걷는 내 두 다리에도 힘이 오른다. 대숲으로 들어서면 근심걱정이 없는 신성한 세계에 입성한 듯 짭조름한 소금기가 느껴지는 날도 생긴다. 울산 바다가 고래의 모태이듯, 나에게는 울산 대숲이 푸른 모태이다.

푸른 고래 생각에 감겨 있다가 고개를 드니 왜가리 한 마리가 강가의 물풀 사이에 날아든다. 강물 소리에 귀 기울이며 한쪽 다리로 서 있는 모습에서조차 흰 대나무를 보인다. 백죽白竹이야말로 울산 십리대숲만이 보여주는 희망의 풍광이다. 태화강이 하나둘 켜지는 네온사인 불빛을 끌어안고 푸른 고래를 만나러 밤길을 튼다.

기생벌의 유혹

산 초입에 들었다. 싱그러운 바람결에 묻어오는 풋풋한 산 내음이 코끝을 자극한다. 발걸음을 재촉하여 산길로 접어드는데 얼굴에 뭔가 걸리적거린다. 손으로 이리저리 뿌리쳤다. 얼굴을 닦아내어도 개운치가 않다. 무엇이 붙었는지 꺼림칙하다

손으로 더듬으니 몸과 얼굴에 거미줄이 감겼다. 산길의 나무와 나무 사이에 거미집이 걸려 있다. 숲속을 찌르는 햇살을 받은 거미줄이 반짝거린다. 소용돌이 모양으로 둥글게 퍼진 중앙에는 유독 촘촘하게 줄을 쳐 놓았다. 가던 걸음을 멈추고 자세히 보니 거미줄 중앙에 낯선 애벌레가 매달려 있다.

어느 날 신문에서 기생벌 애벌레에 관한 기사를 읽었다. 기생벌은 거미줄에 날아가 알을 낳아 놓고 자신은 자유롭게 지낸다. 기생벌 애벌레는 거미집에서 날개를 달 때까지 그곳에서

생활한다. 거미줄 중앙에 둥지를 튼 기생 애벌레는 거미를 조종하여 안전한 생활에 들어간다. 비법은 달콤한 호르몬에 숨어 있었다. 거미는 기생벌 애벌레가 뿜어낸 액체 분비물을 먹으면 뇌에서 '도파민'이란 호르몬이 급격히 줄어든다. 도파민이 줄어들면 새로운 것에 대한 호기심을 잃고 눈앞에 보이는 것에만 집중한다나. 거미는 새나 곤충들이 날아다니다가 혹여 애벌레를 다치게 할까봐, 자외선을 발사하는 실을 덧대어 줄을 친다. 애벌레는 거미로 인해 더 크고 더 튼튼한 집을 갖게 된다.

그뿐만이 아니다. 거미는 애벌레가 시키는 대로 한다. 거미는 혼자 있을 때보다 기생 애벌레와 함께 있으면 힘이 몇 배나 강해져 다른 벌레들이 접근하면 쫓아버려 준다. 기생 애벌레에게는 거미가 경호원인 셈이다. 거미는 자신의 집을 모두 내주고도 애벌레에게 베푸는 모양새가 가상하기까지 하다.

기생이란 사람에게나 곤충에게나 그 이름만으로도 좋은 이미지가 아니다. 기생이란 혼자 살기 어려워서 남에게 빌붙어서 사는 것을 이르는 말이다. 기생이라는 단어가 들어간 것을 보면 좋은 게 별로 없다. 사람의 몸체 내에서 영양분을 빨아먹고 사는 기생충, 사람의 몸체 외에서 붙어 옮겨 다니며 피를 빨아먹는 기생충인 이, 한 생물이 다른 생물의 영양분을 뺏어 먹고 생명을 부지하는 것은 그 이름 앞에 기생이란 낱말이 붙었다.

남에게 의지해서 사는 것들은 대부분 좋다고 여기지 않는다. 그러기에 기생 ○○○이라고 붙어졌는지도 모른다.

곤충의 세계에서도 숙주의 관계는 한 종류에만 있는 것이 아니다. 남방 남색 꼬리 부전나비도 액체 분비물로 개미를 유인한다. 애벌레일 때 등에서 분비물을 뿜어내어 개미를 자신의 방패막이로 삼는다. 개미들은 달콤한 액체를 받아먹고는 집에도 안 가고 그의 곁에서 경호원 노릇을 톡톡히 한다. 꼬리 부전나비 애벌레도 남을 이용해서 푸른 날개를 단다. 천적을 좀비로 만드는 애벌레들은 기생생물이 숙주의 행동을 원하는 대로 바꾸는 '숙주宿主 조종' 행동이다. 날개를 달기 위해 저마다의 기질과 꾀를 발휘하여 남을 이용해서 자신이 살아남는다. 이것의 공통점은 애벌레 때만 하는 짓이다.

거미집은 날아다니는 작은 곤충에게 죽음의 덫이다. 보통 곤충들은 왕거미 줄을 피해 다니지만, 기생벌 애벌레는 거미줄의 정중앙을 차지하고 주인 행세를 한다. 거미를 이용해서 사냥하고 허물을 벗고 날개를 달다니, 그 배짱이 놀랍다 못해 뜨악하다.

기생벌 애벌레는 가없는 변태를 꿈꾼다. 비단같이 얇디얇은 날개를 달고 화려한 춤사위만 생각해서일까. 앞뒤도 살피지 않고 높고 넓은 하늘로 날고 싶은 거다. 허영심만 부풀 대로 부풀었는지, 본인이 땀 흘려 집을 지을 생각은 하지 않고 남의 것을 빼앗는지 모를 일이다.

애벌레가 호르몬으로 거미를 조종하는 것이 볼수록 찜찜하다. 기생벌 애벌레가 둥지를 튼 거미줄은 오로지 변태를 위해 물색한 집이다. 마치 길이 잘 든 개가 주인이 신호를 보내면 날카로운 촉수를 세워 침입자를 몰아내 주듯이. 애벌레가 신호만 보내면 거미는 서슴없이 그의 뜻을 알아차려 해결해 준다. 이것이 기생벌 애벌레와 거미와의 관계다. 묘안은 그의 달콤한 분비물에 있다. 끈끈한 액체 마법에 걸려도 아주 깊게 홀려들었다. 액체 분비물에 의해 도파민이 줄어들어 마약을 먹은 것처럼 거미는 정신이 혼미해져 꼼짝없이 당하고 만 거다.

자연은 어디를 가나 늘 평화스러워 보이지만 곤충들의 세계에서도 살아남기 위해서 기기묘묘하다고 할 수 있겠다. 이런 점을 보면 인간사회와 별반 다를 것이 없다. 그들이 살아가는 세계도 사납고 교활하고 냉정하기까지 하다. 실컷 이용하고 난 뒤에 인정사정없이 잡아먹고 마는. 어쩌면 사람보다 더 감각적인 촉감을 지니고 예리해야만 살아남는 게 아닐는지. 곤충들의 세계는 순수의지인 줄 알았는데, 자기를 보살펴 준 기주를 다 먹어버리는 것이 예외다. 곤충들도 변태나 유생생식 등 복잡한 생활사를 가지고 있다는 점에 놀라지 않을 수 없다.

유혹을 뿌리치지 못한 거미. 야윈 몸에 배어 있는 뒤늦은 한을 누가 알리. 새집을 지어 주고 모든 걸 다해 주고서도 끝내는 기생벌의 먹이가 되고 마는 거미가 측은하다.

키 큰 나무 위로 새들은 자리를 옮겨가며 노래하고 풀무치들은 짝을 짝아 푸드덕거린다. 애벌레를 매단 거미줄이 바람에 흔들린다. 주변은 어수선해도, 죽고 사는 데는 불멸이 없다.

맥

하얀 솜 같은 구름을 타고 청잣빛 현해탄을 건넜다. 가고시마 사쓰마 마을에 있는 심수관요를 찾았다. 정유재란 때 일본인이 우리나라 도공들을 볼모로 데려가 항아리를 만들어 굽게 한 곳이다. 그때 끌려간 심당길 씨는 이곳에서 도공으로서 십육 대를 이어 오늘날에 이르렀다. 그의 본향은 청송 심 씨다.

심수관요에 들어서자 겨울비가 추적추적 그칠 줄 모른다. 400년 전 그날의 하늘도 오늘처럼 이랬을까. 가마 앞에 가까이 다가가니 울음 같은 윙윙거림이 들린다. 붉은 흙으로 만들어진 가마는 길게 누워 있다. 마치 오래전에 본 어머니의 무명치마를 대한 것같이 정감이 가면서도 마음 한편이 서늘하다. 어둠이 밀려오는 심수관은, 갖가지 사연을 묻어버리고 싶은지 검은 빛에 젖는다.

심당길 도공이 처음 이곳에 와서는 무수한 날을 달구치는 틈에서 견뎌야 했다. 밤낮으로 흙담 구멍의 생쥐 눈 뜨듯이 하는 감시 속에서 지냈다. 잡혀간 지, 몇 년간은 아무런 일도 하지 못하고 어영부영 목숨을 부지하는 데 급급하다가 삼 년 만에 백자를 구웠다고 한다. 그렇게 구운 그릇들은 손도 대지 못해 보고 일본인이 모두 가져갔다. 그래도 아무런 말도 할 수 없었다. 그럴수록 생각나는 게 고국이었다고 한다.

피붙이들의 얼굴을 흙 반죽으로 빚었을까. 그리움을 물레를 돌려 달랬을까. 보고 싶음도 깊어지면 그릇으로 환생하는지. 계곡을 굽이쳐 흐르는 물이 지나는 길목마다 생명을 품듯이, 그의 마음이 굽이칠수록 손끝에선 크고 작은 그릇들과 조우했다. 시간이 흐름과 함께 도공은 사람이 사람을 잉태하듯이 수많은 그릇을 탄생시켰다. 흙과 물과 불이 어우러져야 도자기가 되고, 거기에 정신을 하나 더 추가하면 장인이 되는 것인가.

심수관의 이층으로 올라섰다. 그가 만든 도자기는 소박하고 단아하다. 둥근 입이 수직으로 내려와 밑바닥에 다다르면, 수평이 되면서 굽을 달았다. 도자기를 자세히 살필수록 무늬가 눈에 익다. 휘어진 청대 잎 위로 보름달이 떠올라 있다. 우리의 전통적인 이미지를 부각시켰다. 둥근 달 위로 날개를 편 학 한 마리가 현해탄을 향해 날아가는 모습이다. 그것은 그토록 잊지 못하는 고향청산을 그리며 학처럼 날아가고 싶은 마음에서일까. 누구에게도 얽매이지 않고 제 맘대로 훨훨 날 수 있는 학이 부러워서 그려 넣었는지도 모른다. 어쩌면 밤낮 빛은 항아리가 보름달로 떠오르면 다소곳이 고개 숙여 고국을 향해 망궐례를 하였는지 누가 알랴.

고향이 그리운 건 단지 눈에 선한 풍경만이 있어서가 아니라, 그리운 이들과의 추억이 서려 있기 때문이기도 하다. 하늘로 오르는 가마의 연기처럼 도공의 마음은 언제나 고국을 향해 날았을 터이다. 겨울 강가의 굳은 얼음 밑에도 물이 여전히 흘러가는 것처럼 쉼 없이 고향을 그리지 않았을까. 본향을 향한 정신은 청송 골짜기의 물만큼 맑고 뒤꼍의 대나무같이 꼿꼿했을 것이다.

무생물계에도 혼이 있다고 믿는 세계관이고 보면, 그에게 가마는 혼을 되살려 모으는 저장고가 아니었을까. 보통사람이 넋을 잃으면 정신병에 걸리거나 죽음이 가까워져 온다고 믿는다. 하지만, 그는 살아남기 위해서 가마를 만들어 그릇을 빚었다. 저 가마는 그의 희미해지려는 혼을 모아 담았다가 비워내고 또 채우는 정신을 집중시키는 장이었으리라.

옛 성인은 태항산은 높아도 수레바퀴를 부수면 오를 수 있고, 강물은 늘 흔들리며 흘러가지만, 사람 마음에 비하면 아무

것도 아니라고 했다. 그만큼 사람의 마음은 흔들림이 많다는 거다. 심수관가家는 낙목한천에 홀로 서 있는 소나무처럼, 낯선 땅에서 비애를 참아냈다. 정면으로 맞설 수 없는 상황에서, 내쉬는 숨은 또 얼마나 길게 쉬었을꼬.

마침내 온갖 어려움을 극복한 정신이 빛을 냈다. 오랜 세월 집념으로 한 길을 걸어온 가치가 온 세상에 알려지고 큰 공명을 얻었다. 일본의 인기 있는 역사 소설가는 심수관 가문에 대한 정신과 도자기 이야기를 소설로 썼다. 거기에 그치지 않고 일본 방송국에서도 8부작 다큐멘터리로 제작해 방영하였다. 그로 인해 도공의 장인으로 세계에 이름이 알려졌다. 새벽 공기처럼 산뜻하고 매화 향기 같은 상큼함이 널리 널리 퍼졌다.

시련을 이겨내지 못하였다면 오늘의 그가 있었겠는가. 찬바람 한기를 견뎌내야 꽃을 피우듯이, 고통을 몸으로 정신으로 다 참아내야 아름다운 꽃이 되는 것을. 오히려 슬퍼서 더욱 향기 짙은 꽃이 되는지도 모른다. 심수관의 예술혼이 시들지 않은 꽃으로 피어난 거다.

가문이 십육 대를 외길로 걸어온 예는 거의 없지 싶다. 아마도 전무후무한 기록을 남기지 않을까. 여기에 그치지 않고 앞으로도 대대손손 얼마를 더 이어나갈지 아무도 장담 못할 일이다. 삭풍에도 흔들리지 않고 물에 젖어도 끊어지지 않는 맥으로 계속 이어질지 모른다.

생각이 많은 나는 쉽게 돌아서지지 않는다. 지난한 삶을 이겨내어 세계의 장인으로 우뚝 선 정신력에 순연해진다. 목이 쉰 겨울비가 마음을 할퀸다. 바위틈에 선 굽은 솔의 불거져 나온 뿌리처럼 형용할 수 없는 감정이 꿈틀댄다. 단순한 심수관가의 아픔이 아니다. 누구도 부정할 수 없는 역사의 상처가 시리다. 찬비가 죽비처럼 전신을 때린다. 지금껏 우린 역사의 아픔을 쉽게 잊고 산 것은 아닐는지…….

심수관의 도자기 형상 속엔, 중심을 잃지 않은 우리의 맥이 살아있다. 이 맥脈은 불에 구우면 구울수록 고운 빛을 발휘한다. 원초적 뿌리는 부인할 수 없기에.

개미귀신

밭 들머리에 모래더미가 봉긋하게 솟아있다. 주변은 두두룩하고 한가운데가 푹 내려갔다. 깔때기 모양으로 된 구덩이 주위에 개미들이 왔다 갔다 분주하다. 이렇게 큰 개미집도 있나 싶어 내려다보고 있을 때, 남편이 다가오더니 개미들을 잡아먹는 개미귀신 집이라고 했다.

개미가 구덩이 안으로 기어가자 흙이 스르르 흘러내렸다. 개미는 밑으로 빨려 들어갔다. 호미로 흙더미를 쓱 헤쳤다. 무시무시한 게 숨어있는 줄 알았는데, 몸통이라야 겨우 보리 튀밥만 하다. 이름과는 달리 조그마한 애벌레가 집게 두 개로 개미를 잡아먹고 있는 것이 아닌가. 개미귀신은 잠자리로 태어나기 전 성장 과정에 있을 때의 이름이다. 함정에 걸려드는 먹이를 먹고 명주잠자리로 변한다고 한다. 우리가 살아가는 세상에도 도처에 개미귀신이 숨어 있다.

어느 날 외출 중에 남편에게서 전화가 왔다. 다급한 호흡이 뭔가에 쫓기는 사람 같았다. 내용인즉, 경찰이라는 사람이 전화로 신상을 묻기에 본인이 맞다고 하니, 지금 신상정보가 유출되어 당신의 통장에서 돈이 몇 분 간격으로 빠져나간다는 거였다. 그래서 새 계좌를 만들어 이체해야 한다며 계좌번호와 비밀번호를 불러 달라고 한다는 거였다. 남편은 엉겁결에 계좌번호를 부르려니 뒷자리가 헷갈린다며 가르쳐달라고 했다. 바깥이라고 하자, 빨리 집에 가서 통장을 가지고 은행으로 오라며 불에 덴 듯 급한 소리를 날린다.

전화를 받는 순간 나도 정신이 얼떨떨했다. 도둑을 맞으려고 하면 잘 짖던 개도 안 짖는다고 하더니, 금전 관계라 하면 매사에 신중하던 내가 그날따라 의심의 '의'라는 글자조차 머리에 떠오르지 않았다. 어떡하든 일단 피해를 줄이는 게 급선무다.

의심할 겨를도 없이 허둥지둥 택시를 탔다. 마음은 새처럼 날아가도 모자랄 판인데, 택시는 그날따라 굼뜨기만 했다. 유모차를 몰고 무단 횡단하는 할머니를 기다려주고 나니, 신호등이 주황색이면 빨리 지나가면 되겠건만 멈칫멈칫 브레이크를 밟고 선다. 그 기사의 운전 솜씨가 마치 누에가 마지막 잠에서 깨어나 똥을 누고 섶에 오를 때처럼 꾸물거렸다. 속에서 콩을 볶는 나와는 거리가 멀었다. 보다 못한 나는 최대한 빨리 가자며 재촉을 해댔다.

때마침 은행이라며 전화가 왔다. 나는 앞뒤도 들어보지도 않고 대뜸 얼마나 빠져나가느냐고 물었다. 은행원은 무슨 말씀을 하는지 모르겠다며, 고객님의 예금만기가 내일이니 재예치를 하러 오라는 거였다. 그러잖아도 이러한 전화를 받아 곧 은행으로 가니, 더는 못 빠지게 조치해 달라고 부탁하기에 바빴다. 은행원은 침착하라며 내 흥분을 가라앉힌다. 혹시 보이스피싱에 당하는 것 아니냐며, 어떤 상황에서도 계좌와 비밀번호를 알려주면 안 된다고 오히려 나에게 당부를 하는 게 아닌가.

그제야 함정이라는 걸 직감했다. 안도의 한숨이 길게 나왔다. 한편 마음을 놓으니 급하던 마음은 간곳없고 부아가 치밀었다. 전화기를 들었다. "순진이 무궁해서 담을 쌓고도 남을 이 양반아! 이제부터 낯선 전화도 받지 말고 모르는 사람의 말은 더욱이 믿지 말라고요." 하며 소리를 질렀다. 남편은 "그 그게 아니고" 말을 더듬거리더니 의아해하는 것이 역력했다. 내 말을 믿지 못하겠으면 은행에 확인하러 가자며 더 크게 고함을 쳤다. 그러자 남편은 차를 세워 놓고 전화를 하니, 받지 못한다는 메시지만 나오더라고 한다.

하도 어처구니가 없어 신고했다. 경찰이 알아본 결과 통화된

위치가 중국이라고 하였다. 전 직업은 물론, 현재 하는 일과 거주지까지 다 알고 말을 걸어왔으니 의심을 하려야 할 수가 없었다. 금융사기를 당했다는 기사를 신문이나 뉴스에서 심심찮게 보았어도, 막상 닥치고 보니 허깨비에게 홀려도 이렇게 홀딱 넘어갈 수가 있을까. 남편이 만약 계좌번호를 기억했다면, 통장에 있는 만큼 잃어버렸을 것이다. 기억력이 무딘 것도 때로는 득이 될 수도 있나 싶어 선웃음이 나왔다. 남편은 불시에 사람을 감쪽같이 속여 물질을 빼앗으려는 세상이 무섭다며 고개를 절레절레 흔들었다.

내가 자랄 때는 덫놀이가 있었다. 땅이 푹 꺼지는 현상 요즘 말로 싱크홀 만들기다. 동네 친구들과 덫을 놓았다. 비가 오는 날 밤이면 더없이 속아 넘어가기에 그만이었다. 같이 놀자는데 빨리 오지 않는 친구를 골탕 먹이는 짓이었다. 길목에 조그마한 구덩이를 판다. 둥그런 구덩이에 물을 채워 놓고 나뭇가지를 꺾어 지푸라기와 섞어서 이리저리 얹어두었다. 어서 친구가 오기만을 기다린다. 마음 놓고 뛰어오다가 쳐 놓은 덫에 빠져서 '어머나' 하는 동시에 숨어 있던 우리는 일제히 뛰어나간다. 눈은 어디에다 두고 멀쩡한 길에 왜 빠졌느냐고 두고두고 웃음거리가 되었다. 너의 눈은 보라고 붙어 있는 게 아니고, 삼신할머니가 만들 때 가죽이 모자라서 조금 째 버린 것이라고 놀려

댔다.

그런 놀이는 어디까지나 물질과는 거리가 먼, 함께 놀자는 순수한 장난이다. 흔히들 주식에 있어 소액주주를 개미에 비유하며, 이익을 보는 사람을 개미귀신에 비유하기도 한다. 하나, 그것은 어디까지나 자신이 정하여 거론하는 일이다. 본인이 결정한 것이라서 누가 속여서 하는 일이 아니기에, 이익을 보든 손해를 보든 남을 탓할 수는 없다.

보편적인 사람들은 개미처럼 부지런히 노동한다. 하루치의 품을 팔기 위해 박명 속으로 나가는 가장의 뒷모습만 멀그니 바라보는 가족의 마음이 어떠한가. 그렇게 살다 보면 풋풋하던 청보리 같은 시절도 후다닥 지나가기 마련이다. 여유 없는 살림살이 구겨진 주름을 펴기 위해, 하고 싶은 것이 있어도 꾹꾹 눌러 참는다. 그런 점을 감내하면서 조금씩 절약 정신을 키워간다. 육체가 움직인 대가로 미미한 것이나마 금싸라기인 양 여기며, 오늘보다는 더 나은 내일을 바라며 살아간다.

반면에 개미귀신은 꾀를 부려 부지런한 사람들이 금탑 쌓듯 모아놓은 남의 물질을 빼앗으려 든다. 땀을 흘려 얻을 생각은 하지 않고 생쥐같이 남의 곳간을 파고들려 한다. 어떤 경로를 통해 귀신같이 신상정보를 알아내는지, 사람을 단박에 속아 넘어가게 만든다. 하기야 남을 속이기 위해서는 모든 수단을 발휘하여 어떡하면 걸려들 것인가를 고려해서 덫을 놓을 것이다.

그들은 힘 안 들이고 꾀로 사는 삶을 갈구하는 모양이다. 남을 속이는 데 쾌감을 느끼는 건 아닌지. 아니면 사회를 만만하게 보거나 부조리한 면을 정당하게 보는지도 모른다. 날이 갈수록 수법을 한 단계씩 높여 나간다. 얄팍한 생각을 떨쳐버리지 못하고 허구한 날, 그저 공으로 생기는 먹잇감만 노리고 있다.

뜬금없는 전화가 걸려올까 겁이 난다. 낯선 통화가 무섭다. 밭일을 마치고 올 때까지도 개미귀신 집은 여전히 그 자리에 둥그렇게 있었다.

5부

돌아갈 수는 없어도 돌아볼 수는 있다

유좌

서울의 어느 소방서 출입문 앞이다. 사각유리관 속에 붉은 색을 띤 그릇 하나가 보인다.

가까이 가서 보니 밑바닥은 좁고 위로 올라갈수록 넓게 된 그릇이다. 양쪽에 구멍을 뚫어 머리카락 같은 줄을 묶어 그네를 타듯 걸어놓았다. 아무것도 담기지 않을 때는 넘어지고, 반쯤 차면 반듯하게 서고, 가득 채우면 엎질러지는 그릇이라 한다.

순간, 이와 비슷한 것을 본 기억이 대기 속을 떠다니는 습기처럼 떠돌다가 한참만에야 초점이 잡힌다. 가만히 가라앉은 먼지가 바람에 일어나듯 서서히 전율이 된다. 몇 년 전 중국 산둥성 곡부에 공자의 묘와 공자성적 전을 여행할 때다. 조선족 삼세라는 해설사가 발음이 서툰 우리말로 석각에 새겨진 그림이

유좌宥坐라고 하였다. 주나라 군주가 너무 많이 채우면 과욕이 되는 것을 경계하기 위하여, 일정액 이상이 되면 쏟아지는 그릇을 언제나 오른쪽 곁에 두고 지냈다고 했다. 공자가 환공의 사당을 찾아 이 그릇을 대하고 제자에게 실험을 시킨 후에 고개를 끄덕거렸다 한다. 이렇듯 성인들은 일찌감치 인간이 빠져들기 쉬운 과욕을 경계하고자 노력했음이리라.

그땐 그저 지나가는 바람처럼 생각 없이 보고 듣고 흘러버렸다. 사고력이 얕은 내가 피상적으로만 봤던 거였다. 그릇을 직접 대하고 난 후에야 비로소 그 의미를 되새기게 되었다.

본래 하늘이 세상 만물이 균형을 잡아야 오래 생존하도록 창조했다. 하늘의 가르침을 실천하는 동물이 있다. 돼지에게 먹이를 준 다음에 위 검사를 해보니 위의 80%만 채워졌다는 거다. 맛있는 먹이를 주어도 그 이상 먹지 않았다고 했다. 파충류들도 동면을 위한 영양만 섭취할 뿐 먹이를 두고 욕심을 내지 않으며, 벌이나 개미들도 겨울나기를 위해서 최소량의 먹이만 준비해 놓는다고 한다.

만물 중에서 유일하게도 하늘의 뜻을 거역하는 존재가 있다. 인간들이다. 정도의 차이는 있겠지만 대부분 끝없는 욕구에 매달리게 된다. 자신의 평생뿐만 아니라 자손 대대로 편안히 살도록 모으고 쌓고 저장한다. 그러므로 물질 갈무리를 하는 것이 숨길 수 없는 인간의 속성이 아니겠는가.

물론 하고자 이루고자 도달하고자 하는 것은 좋은 현상이다. 추진력이 있어 성장하게 되고 뜻을 이루면 성취감을 느낀다. 그런 단맛을 즐기다 보면 어느새 물욕, 권세욕에 치우치게 된다. 물질에 대한 욕심은 가라앉다가도 바람처럼 일어나기 쉽다. 더 큰 꿈을 좇다가 애써 쌓은 것마저 잃어버리는 경우가 허다하다. 권력이 높고 물질이 많을수록 경계하기 어려운 것이 형체가 없는 마음이지 않을까. 세상에는 부나 명예가 영원하지 않다는 것을 알면서도 누구나 그 끈을 놓아버리기가 쉽지 않다. 이론은 훤하지만, 마음이 따라주지 않는다.

남편도 물질에 대한 집착이 적지 않다. 한국전쟁을 겪은 바로 뒤에 태어난 전후 세대라, 그렇게 하지 않으면 가난과 결핍에서 벗어날 수 없었기 때문이다. 그럴 수밖에 없는 것이 당연한지도 모른다. 정년퇴임을 하고도 칠팔 년간 직장생활을 더 해왔다. 올 초봄 날씨는 변덕스러웠다. 따뜻한 온기를 머금은 듯하다가 하루 사이에 목이라도 딸 것처럼 냉해졌다. 그런 날씨 때문인지 어느 날 기진맥진해져서 들어왔다. 식사도 하지 않고 서리 맞은 풀이 바람에 넘어지듯 그대로 방에 쓰려졌다. 결국 밤중에 응급실로 달려가는 사태까지 벌어졌다. 가장家長의 길이란 이렇게 고된 길이며 언젠가 부딪치는 골목도 이런 것인가.

남편을 향해 나이도 있으니 이제 직장을 놓으면 안 되겠냐고 조심스러운 제안을 내놓았다. 넉넉하지는 않겠지만 형세에 맞춰 살자고 말했다. 획 쳐다보는 얼굴이 배부른 소리 하지 말라는 표정이다. 되풀이하는 내 말에 귀에 자물쇠를 채워 닫아버린다. 보다 못해 며칠간이나마 좀 쉬라고 하여도 대답은 이튿날 아침 출근으로 대신했다.

그 뒷날에도 개운치 않은 육신을 이끌고도 변동사항은 없었다. 이래서는 안 되겠다 싶어 언어에서 동작으로 바꾸었다. 하루아침에 내가 가서 말하겠다며 옷을 주섬주섬 더께 입고 그이보다 먼저 차에 올라앉았다. 실랑이를 벌인 뒤에야 눈을 지그시 감고 두 개의 차선을 지그재그로 넘나드며 관조에 잠긴 듯했다. 한참 만에 눈을 뜨더니 생각을 해보겠다는 거였다. 몇 주를 지나고 나서 자신의 관조에 믿음이 놓이지 않듯, 천근의 쇠를 지고 일어나는 것보다 더 무겁게 한마디를 뱉어냈다.

"이제 편한 백성 되겠다고."

돌아보면 내게 있어 남편이 삶의 동반자였고 영양분이었다면, 그이는 직장이라는 인생 풀밭에서 먹이를 얻으려 바쁘게 뛰지 않았나 싶다. 난들 왜 달마다 들어오는 수입을 기대했지 않았을까마는, 나이가 전해주는 분수에 맞춰 살자는 마음에서

다. 생의 늘그막에 물질보다 더 소중한 것이 건강이다. 건강하지 못하면 가진 것마저 병원비로 날려버리는 결과가 일어날 수도 있기에…….

주위에서 본 일이다. 그분도 사업 초창기 때는 봄볕에 물오른 버들가지였다. 적지 않은 물질적 부를 축적했다. 달마다 쌓이는 것에 재미를 느꼈던지 사업장을 확장했다. 그로부터 얼마 가지 못하고 나머지 회사는 물론이거니와, 노부모의 거처까지 허공으로 날려버렸다. 그런 일이 있고 난 뒤에는 비가 와도 바람이 불어도 괜한 날씨를 탓하기도 하고, 죄 없는 세상을 원망하며 시름의 날을 메꾸어 간다.

하기야 애초에 모든 사람이 욕심 버리기가 쉬웠다면, 세상은 지금보다 달라졌을 수도 있으리라. 왕자의 자리를 헌신짝 버리듯이 팽개치고 보리수나무 밑에서 긴 고행을 한 분을 왜 만인이 우러르며, 사부대중四部大衆이 허리를 굽혀 예를 다하겠는가. 십자가에 못이 박혀 뜨거운 피를 흘린 분을 무엇 때문에 우러르며, 왜 세상 사람들이 그들을 성인이라 칭하겠는가.

어느 정도 채우면 반듯하게 되고, 가득 채우면 모두를 엎질러버리는 그릇이 무엇을 의미할까. 가득한데도 자꾸 담기면 자신이 힘에 부쳐서일까. 담고 또 담고 쌓이고 또 쌓이면 끝이 없을 게 아닌가. 어쩌면 더 담을 수 없게 쏟아지는 것이 바로 세상 이치라고. 넘침은 오히려 모자람만 못하다, 라고 몸으로 증명해주는 그릇이다.

탐심에 깊게 빠지다 보면 자신이 가졌던 것마저 잃어버릴 수가 있게 된다는 것을. 이 그릇이 인간세계를 향해 던지는 소리 없는 메시지이다. 사람은 유좌의 본성을 스스로 새겨 가슴속에 간직해야 하지 않을까.

고로高爐

제철공장의 고로 하나가 사라진다. 반세기 가까이 견디며 보수를 거듭해오다가 생명이 한계에 다다랐나 보다. 세월 앞에는 사람도 노쇠老衰하고 쇠도 산화된다. 고로도 사람의 육신과 별반 다르지 않다.

고로는 잡다한 쇠붙이들을 열로 보듬는다. 보기 좋은 것도 흉한 것도 품어 안고 융화시켜 준다. 고로를 거쳐 나온 쇳물은 사물로 다시 태어난다. 고로는 쇠붙이의 자궁이라 해도 지나치지 않는다. 뜨거운 쇳물을 끌어안는 동안 쇠붙이로 된 몸도 서서히 닳고 삭아진다.

나의 고로는 토함산 자락의 마을에서 시작됐다. 산은 그렇게 높지도 않고 낮지도 않은, 질펀한 능선은 아침 햇살을 받으며 차츰 준엄한 형상을 드러냈다. 길고 짧은 골들은 청옥색 하늘을 이고 신묘한 입체화를 이루었다. 그런 입체화가 펼쳐지는 마을에서 어머니는 태어나서 자랐다.

말랐던 풀들도 일어서는 봄날, 열여덟 살 어머니는 이웃 마을에 사는 아버지를 만나 백년해로의 가약을 맺었다. 그 후, 두 분은 제철소의 쇠와 고로처럼 서로를 품기도 하고 녹이기도 하며 가정을 이루었다. 어른을 섬기고 형제들을 보살폈고 자식을 생산해 품어 키우느라 몸과 마음을 녹였다. 특히 어머니는 제철소의 고로처럼 가정의 중심이었고 자식들의 안식처였다.

쇠를 녹이는 고로가 뜨겁다 한들 부모와 자식 간의 관계보다 더 뜨거울 수 있을까. 혈육에서 우러 나오는 정은 온도로 책정할 수 없다. 혈로 반죽이 되어 고로를 거쳐 나온 생명체는 떨어뜨리려 해도 떨쳐지지 않는다. 고로는 배출해 낸 살붙이와 피붙이들을 위해 살아왔다.

곰곰이 짚어보면 어머니의 생도 내적, 외적 고달픔도 있었지만 기쁨과 흐뭇함도 없지 않았다. 권속들을 보살피며 살아온 어머니의 한 생애. 종갓집 종부로서 소임을 다하느라 승세 굵은 삼베 치마 허리춤까지 땀에 적시고 또 적셨다. 일 년에 열 번씩 다가오는 봉제사 접빈객에 손끝이 물 마를 새가 없었고 할아버지를 찾아 사랑채를 드나드는 손님들에게도 정성을 다하느라 몸이 닳았다. 가족 중 누가 아프다고 하면 어머니 가슴에서는 가을 모과 떨어지는 소리를 냈다. 이순이 다 되도록 늘 그렇게 살았다. 흐르지 않는 물이 없듯이 붙잡지 못하는 게 세월이다. 어머니의 구십 성상星霜도 하루하루 사는 동안 물같이 흘러버렸다.

구순을 갓 넘긴 어머니가 갑자기 위독해졌다. 어둠이 점점 짙게 맥질 되는 시각에 연락을 받고 부랴부랴 병원으로 달려갔다. 병원에 도착하자마자 짚불이 사그라지듯 어머니는 서서히 눈을 감았다. 창밖으로 보이는 하늘에는 별들이 숨을 죽였고 늦게 뜬 그믐달도 눈시울을 붉히고 있었다. 어머니도 달도 구름에 밀려 한마디 말도 없이 조용히 떠나갔다.

인생이란 그 자체가 구름이다. 비단 어머니뿐이겠는가. 역사의 이름을 남긴 구국 영웅이든, 숨이 넘어가던 사람을 살려준 의인이든, 수많은 일터를 제공하여 나라의 부흥을 일으킨 사람이든, 구름 같은 이 길은 갔다 하면 못 오는 길인 것을.

멀리로는 적은 군사로 수 없는 적군을 무찔렀던 장수도 한 번 가면 끝이었다. 글을 만들어 문명을 밝혔던 학자도, 어두운 곳도 마다치 않고 대중들을 위해 자신을 다 바친 성인聖人이든, 어느 항구에서 한 소절의 노랫말 같은 인생을 풀어낸 성격이 털털한 선인船人도, 이 길은 갔다 하면 다시 돌아왔다는 소리는 아직 못 들어 봤다. 동네 어귀에서 마을의 액운을 막아주던 아릅드리 거목도 쓰러져서는 다시 일어나지 못했다.

어머니가 돌아가시기 전까지는, 영웅은 영웅으로만 부자는 부자로만 봤다. 명함 그 자체로만 봤던 것이다. 하지만 어머니가 돌아가신 후에는 이름도 명예도 다 허무로 보인다. 누구나 한 번 가면 다시 못 오는 것을 어머니의 죽음에서 간절히 실감한다.

어머니와 함께한 지난날이 허허롭기 그지없다. 태산이 높은 것이 아니고 만경들판이 넓은 게 아니었다. 내게는 어머니의 가슴팍이 어느 산보다도 듬직했고 어느 평야보다 더 넓었다. 날숨이 길게 나오면서 온몸에 맥이 빠진다. 팔다리가 마치 아이들이 오래 주무른 헝겊 인형처럼 힘없이 곁는다. 이런 걸 보니 어머니는 생전에 내겐 만상의 근원이었고, 내 육체의 원기며 기氣를 살리는 생성원리였다.

이제까지 때로는 충고를 더러는 칭찬을 받으며 살아왔다. 어머니가 내게 준 염려도 힘이요 충고도 힘이고 칭찬은 더 큰 힘이 되었다. 어머니와 함께한 시간들을 조각보처럼 꿰매본다. 다 읽지 못할 책을 펼치다가 접었다 한다. 언제라도 찾아뵈면 "아야, 배 고프제. 어서 밥 먹어라. 맛있을 때 많이 먹어라." 연달아 잉잉댄다. "많이 먹고 아프지 마라." 귀에 익은 목소리를 붙들려면 달아나고 달아났다가는 되돌아온다. 기억은 시간의 흐름을 정지시키기도 하고 세월의 순서를 바꾸어 놓기도 한다.

소리 없는 기억을 더듬다가 눈을 뜬다. 거실 유리창에 가늘게 휘어진 반쪽 달빛이 어려 있다. 유난스레 외로워 보이는 오늘의 저 달은 무엇을 생각할까. 우리가 겪는 희로애락을 구경하고 있을까. 어머니는 당신의 영혼을 저 달 속에 깊숙이 새겨두고 떠났을까. 그래서 달빛이 어머니의 영혼을 받아들여 희끄무레한지도 모른다. 넓고 넓은 하늘에 홀로 떠 있는 달은 누구나 혼자 떠나야 한다는 걸 암시하는 건지도…. 상처의 아픔은 육체적 고통이고 이별의 아픔은 정신적 고통이다. 떠나는 길을 동행할 수 없기에 그 심정은 가눌 길이 없다.

근 반세기 전, 철광석을 녹여낸 포항제철의 고로가 원화로 불을 지핀 후 1,000도가 넘는 열기로, 짙은 황금색 액체를 뿜어냈다. 그로 인해 조선과 자동차 산업의 발판이 된 제1 고로였다. 우리나라를 산업 메카로 발돋움시키고 서서히 장막을 거두었다.

어머니도 연세가 들면서 병원에 가는 날이 가지 않는 날보다 더 많았다. 제철공장의 고로가 낡아서 보수해가며 써 왔듯이 어머니의 건강도 그러하였다. 어머니를 두고 장수했다고 덕담처럼 말하는 분들도 있다. 요즘 백세시대로 치면 장수라고 할 수 없다는 게 뒤에 남은 자식의 마음이다. 무병장수를 바랐으나 '극병장수'에 그치셨다. 기울어지는 달은 다시 차오르지만 어머니의 쇠잔해진 기운은 다시 실해지지 않았다. 세월은 무심

해도 인간사는 유심하다. 철광석을 녹여낸 고로도 나를 낳아 평생 감싸주던 어머니도 끝내 퇴역을 거부하지 못했다.

어머니는 마지막으로 고통도 무상이고 기쁨도 무상임을 나에게 알려 주는 것인지도 몰라. 생각해 보면 품에 안아 키워주던 부모도, 마주 보고 살아온 사람도 끝끝내 함께할 수가 없고, 피를 나눈 수족 같은 형제도 동행하지 못한다. 모든 게 무상이라고. 인생은 혼자가 되기까지 아프고 슬프고 기쁘고 행복해하면서 무상을 향해 가는 것이라고….

녹슨 쇠를 보듬은 고로처럼, 어머니는 곰살갑게 대해주는 자식이든 비포장도로를 굴러가는 소달구지마냥 털털거리는 자식이든, 질병이라는 불순물까지 다 껴안았는지도 알 수 없다.

어느 어머니인들 자식을 품고 자신을 희생하지 않겠는가. 내 어머니만은 그런 것이 아닐 테지만, 소리 없이 뜨겁게 생명을 다한 고로 앞에 숙연해진다. 벽에 걸린 어머니의 사진은 내 마음을 아는지 모르는지 묵묵히 말이 없다.

맥놀이

경주 공예품촌이다. 유기그릇이 눈길을 당긴다. 조그마한 종지에서 커다란 쟁반까지 예스러운 유기들이 정이 많은 가족처럼 모여 있다. 손끝으로 툭 튕기니 '딩' 하는 소리가 울린다. 그 울림은 세월의 너울을 넘는 파도처럼 나를 떠밀어 옛집으로 데려다 놓는다.

내가 초등학교 다닐 때만 해도 수저를 비롯해 밥그릇 국그릇은 물론이며 종기며 양푼까지도 유기였다. 유기는 며칠만 지나면 얼룩덜룩해져 건사하기가 만만하지 않았다. 기왓장을 고운 가루가 되도록 빻아서 짚수세미에 묻혀 닦았다. 검은 때를 닦아 내려면 힘이 들어도 반들반들 빛이 나는 그릇을 보면 내 마음도 덩달아 맑아졌다. 유기는 웬만해서는 변형되거나 깨지지 않아 사용하기에는 그보다 더 나은 그릇이 없었다.

어머니는 바쁜 일이 생기면 내게 설거지를 간혹 맡겼다. 설거지하는 내 손놀림은 어설펐다. 그릇을 살살 다루려고 하여도 걸핏하면 떨어뜨리고 그릇끼리 마구 부닥쳐졌다. 키가 작은 나에겐 살강은 왜 그리 높던지, 그릇을 씻어 살강에 얹다가도 걸핏하면 바닥에 떨어뜨렸다. 그릇은 얼른 집어 들어도 그 소리는 붙잡지 못하였다. 어느 날엔 어머니는 뒤뜰로 가는 모퉁이에서 키질을 하면서도, 소리를 듣고 무슨 그릇을 떨어뜨렸는지 귀신같이 알아냈다. 조심성이 없다며 큰 소리로 나를 나무랐다. 유기그릇에서 나오는 소리와 어머니의 꾸지람 소리가 부딪쳐 불협화음을 이루었다.

종갓집이다 보니 명절이면 친척들이 가득 모여 들였다. 술잔을 주고받으며 덕담을 나누다가 취기가 적당히 오르면 노랫가락이 흘러나왔다. 누가 먼저랄 것도 없이 젓가락을 들었고 유기들은 타악기가 되었다. 대접을 들고 두드리는 분, 양푼을 꽹과리처럼 치는 분, 분위기가 달아오르면 양은 주전자까지 등장해 그릇들의 공연이 펼쳐졌다. 높고 낮은 소리가 서로 박자를 맞추면서 분위기가 점점 달아올라 안방은 어느새 유기 공연장이 되었다.

친척들의 모습은 다양했다. 몸집이 크고 작고, 목소리가 굵고 가늘고, 성격이 급하고 느긋하고, 몸놀림도 재빠르고 굼뜨고, 다들 자기만의 개성을 지니고 있었다. 유기그릇이 모양에 따라 나오는 소리가 다르듯이, 부르는 노래나 웃음소리도 각자 달랐다. 유기 소리를 닮은 사람들이 모여 벌이는 놀음 마당은 흥겨웠다. 진동수가 조금씩 다른 소리가 어우러져 담을 넘어 골목골목으로 울려 퍼졌다. 그것은 곧 집안에 화목을 알리는 소리였으며, 피붙이들을 끈끈한 정으로 뭉치게 했던 화음들이었다.

세상에는 듣기 좋은 소리가 많다. 아기의 옹알이, 천진난만한 아이들의 웃음소리, 지저귀는 새소리, 장단에 맞춰 부르는 노랫가락 소리 등 여러 가지가 있다. 이런 소리는 듣는 이의 마음에 편안하게 스며들어 기분을 쾌활하게 만든다. 이와 반대로 듣기 싫은 소리도 많다. 자동차가 급하게 정지하는 마찰음이나 물체가 터지거나 깨지는 파열음은 멀리서 듣기만 해도 몸이 움츠러든다. 이렇게 사람의 마음은 전해오는 파동에 따라 달라진다.

이젠 이웃에서 일어나는 일상 소리가 소음이 되었다. 위 아래층에서 걸어가는 발걸음 소리도 귀에 거슬린다. 그뿐이랴. 공사장에서 들려오는 굉음들, 배달원의 오토바이 소리, 자동차 경적, 시도 때도 없이 외쳐대는 장사꾼들의 확성기 소리에 시달리다 보면 신경이 곤두선다. 세상이 시끄러워진 만큼 내 성격도 점점 사나워지는지도 모른다.

좋은 소리는 사람을 교화하게 만든다. 종소리는 그 울림을 듣고 귀를 씻고 마음을 열라는 의미를 가졌다고 한다. 법고 소리는 들짐승을 깨우고 처마 끝에 달린 목어는 잠자는 모든 물고기를 깨운다. 법전 사물을 두드리는 의식은 인간과 축생과 미물에게도 자비심을 전하고자 하는 뜻이 담겼다. 번잡한 세속에서 살다가 사찰에 들렀을 때 종소리나 법고 소리를 들으면, 숙연해짐은 울림에 공명하기 때문이리라.

에밀레종은 신기하게도 진동수가 다른 두 음원을 가졌다. 둘 이상의 음이 하나의 음파로 울려 마음속의 파동과 율동을 맞춘다. 진동수가 다른 두 음이 서로 간섭해 너울을 만들어 멀리멀리 울려 퍼진다고 한다. 그 소리를 듣고 있으면 머리가 맑아진다. 그래서 에밀레종의 맥놀이가 사람들의 정신세계를 편안하게 만드는 것 같다.

내가 가장 심취해지는 소리가 있다. 그것은 고요한 곳에서 듣는 클래식 음악도 아니고, 흥에 겨워 어깨가 들썩이게 하는 노랫가락도 아니다. 끊어질 듯하다가 끊어지지 않고 이어지는 소리다. 마치 가는 이슬비에 명주옷이 젖어들듯 가슴이 저리는 '맥놀이'이다.

내겐 지금도 이명처럼 들려오는 소리가 그립다. 유기를 악기처럼 두드리며 놀던 소리다. 친척들이 흥에 취해 이루어지던 노래마당은 연출자나 지휘자가 필요 없었다. 별다른 악기는 없었지만, 유기그릇으로 서로 박자를 맞춰주고 입으로 추임새를 넣다 보면 어느새 하나가 되었다. 곁에서 들으면 시끄러웠지만, 바깥에서 들어보면 하나의 화음으로 울려 나왔다. 오늘 유기를 보고 옛 생각에 젖는 까닭은 친척들이 어울려 놀던 그 소리가 못내 아쉬워서이리라.

아리랑 고개를 넘듯 서리서리 절창을 뽑아내던 숙모, 천자문을 읽듯 노래가사를 읊어대던 종고모, 성주풀이를 구구절절하게 마디마디 풀어내던 고모부도 있었다. 노래보다는 손이 아닌 발바닥으로 박자를 멋들어지게 짚어가며, 곱사춤을 추어 배꼽이 빠지게 했던 재종 오빠, 그들의 소리는 내 마음속에 침잠되었다가, 옛 생각이 나면 배경음으로 잔잔히 퍼져 나온다. 누룽지 같은 구수한 소리가 귓바퀴에 맴돈다. 그런 소리를 남겨준 분들은 세월 앞에 한 분 두 분 바람처럼 사라졌다.

농경문화로 내려온 우리 민족은 힘든 농사일을 하면서 노동요를 불렀다. 바쁜 농번기 때에 고됨을 잠시나마 잊기 위해, 일 따라 철 따라 적절한 가락을 뽑아냈다. 인생길이 늘 평탄했다면 곡진 노래가 나왔을까. 저마다 살아가는 삶의 애환을 노랫가락으로 풀어내어 달랜 것이리라. 이것이 우리의 가슴속에 흐르는 정서라고 하면, 안방은 그 시대의 노래방이었고 유기를 두드리며 부르던 노래들은 피로를 푸는 회복제가 아니었을까 싶다.

감회에 젖어 유기 방에서 선뜻 돌아서지 못한다. 창으로 든 햇살에 유기가 더욱 반짝거린다. 아쉬움에 한 번 더 튕겨보니 딩 하는 울림이 어린 날의 한 부분을 일깨우는 여운 되어 들려온다. 지금에야 돌아보면 그때 냈던 자종의 소리가 진정한 맥놀이였다.

왼손 든 부처님

일주문 위로 뿌리는 햇살이 금빛으로 빛난다. 지나는 바람도 법문을 듣는 시간인지, 토함산 자락에 늘어선 나뭇잎도 흔들림이 없다. 불국사다. 천왕문을 지나자 33계단의 청운교, 백운교가 사바세계와 부처님 세계의 경계임을 알린다.

대웅전을 지나 극락전에 이르렀다. 금동 아미타여래 불을 친견했다. 여래불은 여느 경내의 불보다 더 건장해 보인다. 오른쪽 어깨를 드러내고 왼쪽 어깨에만 걸쳐 입은 가사는 주름이 깊게 잡혀 있다. 접힘을 보면 풀을 가슬가슬하게 먹어서 금방 다려 입은 듯하다. 두 무릎을 넓게 펴고 장중하리만치 떡 벌어진 어깨와 구김살 없는 미소가 편안하다. 풍기는 인상에서 늠름함이 돋보여 극락전의 주불임을 가늠한다.

소매 장삼이 흘러내릴 정도로 어깨높이만큼 왼손을 들고, 오른손은 무릎 위에 올렸으며, 엄지와 가운뎃손가락을 구부렸다. 약간 오므린 손은 손바닥이 보이는데 굵은 금까지 선명하다. 가까이 가서 쳐다보니 눈썹은 반원형이고 콧날은 우뚝하다. 웃는 듯, 다문 듯, 한 입술 위에 조금 길게 보이는 인중이 위엄을 더한다. 다른 부처들은 오른손을 들고 왼손을 무릎 위에 얹었는데, 극락전 주불은 왼손을 들었다.

왼손을 든 금동여래불을 가만히 보고 있으면 여러 가지 의문이 든다. 어떤 연유로 일반적인 모습을 하지 않았는지. 일부러 남다르게 튀려고 저렇게 하였을까. 한쪽에만 치우치지 말고 반대쪽도 살피라는 뜻일까. 우매한 중생은 다만 이런저런 추측만 할 뿐이다.

다른 사찰에서는 처마 끝에 풍경이 달렸는데, 특이하게도 불국사엔 풍경이 없다. 대웅전은 물론이거니와 무설전, 관음전, 극락전, 비로전 어느 곳에도 보이지 않는다. 다른 절을 따라 하지 않은 낯선 점이다. 이 또한 왼손을 든 까닭과 연관되지 않을까. 이 역시 나의 상상력을 자극한다.

손에 무엇을 든 계인契印, 아무것도 들지 않은 수인手印 등 수인도 가지가지다. 부처님 수인 중에서도 5인이 가장 많다. 첫번째의 수인은 선정인이다. 왼쪽 손바닥을 위로해서 배꼽 아래 놓고 오른손 바닥도 위로 보도록 했다. 손을 얌전하게 겹쳐 놓으면서 두 엄지손가락을 맞대었다. 두 번째가 항마촉지인, 왼손은 그대로 두고 오른손을 무릎에 살짝 대면서 손가락으로 땅을 가리키고 있다. 이 수인은 악마를 물리침을 나타낸 것이다. 세 번째는 전법륜인이다. 양 엄지와 검지의 끝을 맞대어 두 개의 원을 만들고 나머지 손가락을 편 모습이다. 두 개의 원이 인간사의 수레바퀴, 즉 돌고 도는 법륜을 상징한다. 이는 우주를 수레바퀴처럼 돌며 악을 분쇄하고 어진 마음을 전파한다는 뜻이다. 네 번째가 시무외인, 오른손 손가락을 위로 뻗치고 손바닥을 밖으로 하여 어깨 높이까지 들었다. 이 수인은 아픔과 어려움을 없애주며, 고통에서 벗어나도록 덕을 널리 편다는 제스처다. 다음은 지권인이다. 오른손으로 왼손의 둘째손가락 윗부분을 마치 베인 상처를 감싸 쥔 모습이다. 오른손은 부처님 세계를 알리고 왼손은 인간세계를 표현한 수인이다. 이 뜻은 결국 중생과 부처가 하나임을 나타내는 알림이다. 나는 어떤 수인이든 생각 없이 예사로 보아왔다. 이렇게도 부처님의 수인마다 각각의 뜻이 담겼다는 것을 여태껏 몰랐다.

부처님의 모습도 다 다르지만 기기묘묘하게 수인의 모습도 각기 다르다. 이렇게 각기 다른 모습은 신라 천년의 웅숭깊은 불교문화를 대변해 주는 것인가. 바람도 잠든 부처님의 성지聖地에서 생각에 잠겨 홀로 극락전에 앉았다.

사람은 오른손을 많이 쓴다. 숟가락질부터 칼질, 낫질이 모두 오른손이다. 글을 쓸 때도 마찬가지다. 이처럼 오른손을 거의 많이 쓰지만, 길을 걸을 때 왼팔은 가만히 두고 오른팔만 흔들면 몸이 한쪽으로 기울어진다. 왼팔도 함께 움직여야만 몸의 자세가 바르게 된다. 세상살이에서 균형을 잡기란 쉽지 않다. 한쪽으로 기울지 않고 살아가기가 생각처럼 어디 만만한가. 흔들리지 않으려면 중심을 잡고 좌우를 살펴야 할 뿐 아니라 아래위도 봐야 한다.

울도 담도 없는 창공을 나는 새도 비행을 하려면 양쪽 날개로 균형을 잡아야 한다. 그것이 새에게는 생존 법칙에 있어 첫걸음이다. 한쪽 날개로는 퍼덕거릴 수는 있으나 높은 하늘을 날지는 못한다. 이렇듯 새들에게도 양 날개의 균형을 잡는 것이 가장 중요하다.

네덜란드인 피에트 몬드리안의 삼원색 그림의 특징은 비례미다. 수직선과 수평선과의 적절한 비례균형에 있다. 수직선은 생기가 일고 수평선은 평온함이 들었다. 우리의 삶에도 그 비례미를 맞추어야 한다. 살아가는 길은 눈으로 보이지 않은 곡선과 직선을 수없이 지난다. 그런 곡선과 직선을 어떻게 맞추어야 원만하게 지날 수 있느냐다.

부처님의 좌중하심은 곡선의 균형을 잘 맞추었다. 중생들이 부처님을 친견하는 데 있어 거부감이 들지 않고 안정되게, 보는 이의 심적이 편안해질 수 있는 높이에 모신다고 한다.

우리 사람도 평생 가는 삶에 내면의 중심이 어찌해야 할 것인가. 한쪽에만 치우치지 않으려면 눈에 보이지 않는 정신으로 중심을 잡아야 한다. 좋지 못한 일로 남의 입에 오르내리는 것은 균형을 잡지 못했기 때문이고, 마음에 번뇌가 많은 것도 균형에 장애가 있기 때문일 것이다.

한 시인은 모두가 다 "예."라고 대답할 때 누군가가 "아니오."라고 할 수 있는 사람을 가졌느냐고 읊었다. 이 얼마나 삶을 통해 얻은 의미 깊은 통찰인가. 남의 잘못을 보고 섣불리 왜 저렇게 하느냐가 아니라, 어째서 그렇게밖에 할 수 없었는지를 먼저 생각한다면, 마음에 평형을 이뤄 중용에 다가서게 될 터이다. 그렇다면 마음이 한쪽으로만 쏠리지 않고 평정이 설 수 있으리라.

고요를 깨우는 바람 한 줄기 안양 문으로 들어와 극락전 옆의 늘어선 회랑 사이를 미끄러지듯 빠져나간다. 햇볕도 그에 뒤질세라 극락전 처마 끝에 분가루같이 휘날린다. 햇살이 퍼지듯 소리 없는 가르침이 불국사 극락전에 있다. 부처님의 향취가 묻어있는 불국토를 뒤로하고 산문을 나선다.

다솔사의 향기

운무가 드리워진 아침이다. 이른 시간인데 만나는 일행들의 표정이 길가에 핀 금계국처럼 환하다. 하루의 일탈일지언정 여행을 떠나는 기분은 다소 들떴다. 탐방 목적지는 남쪽 바다가 있는 사천이다.

사천에서 첫 번째 탐방할 곳은 박재삼 문학관이며, 두 번째는 봉명산 자락에 있는 다솔사로 정해졌다. 일행들과 이런저런 정담을 나누는 사이 버스는 바다 내음이 물씬 풍기는 사천에 도착했다. 사천은 푸른 비단을 펼쳐 놓은 듯한 바닷가에 숲으로 우거진 노산 공원이 우뚝하게 자리를 잡았다. 문학관은 노산공원 안에 호연제를 옆에 끼고 바다를 바라보고 있다. 문학관 관계자로부터 시인의 생애에 대하여 자세한 설명을 들었다. 일행들은 그의 혼이 깃들인 시 한 편씩을 각각 낭송했다. 시인을 기리는 마음에서인지 분위기에는 다소 숙연함이 묻어났다.

문학관과 만남을 뒤로하고 곤명면 봉명산에 있는 다솔사多率寺로 향했다. 봉명산은 해발 408미터, 그리 높지는 않지만, 어머니가 치맛자락에 자식을 감싸 안듯 다솔사를 다소곳하게 품어 안았다. 풍수지리로 보면 '장군 대 좌혈'이라 사람을 많이 거느린다는 지형에서 사찰 이름을 다솔사로 불렀다고 한다. 일각에서는 솔이 많아 다솔사라 불렀다는 구전도 전해져 온다. 솔이 많아 다솔사라 했다면 솔 솔乺 자를 썼을 것이나, 거느릴 솔率자를 쓴 것을 보면 산 지형에 의해 이름을 딴 것이 맞지 않을까 싶다.

한 계단 한 계단 돌계단을 오른다. 대양루를 지나자 정중앙에 적멸보궁이다. 적멸보궁에는 부처님이 안 계시는데, 다솔사만은 보통 사찰과는 다르게 와불이 계신다. 팔을 괴고 옆으로 누운 모습이 열반 직전의 부처님 모습이 아닐까 싶다. 부처님은 계신 듯 없는 것이며, 없는 듯 계신 것이리라. 참으로 기막힌 조화다. 와불 뒤로 투명한 유리를 통해 진신사리탑이 훤히 보이게 해 두었다. 다솔사의 주 불전은 대웅전이었는데 1978년에 대웅전 삼존불을 개금할 때 후불탱화에서 108과의 부처님 사리가 발견되었다. 그때 대웅전을 증축하여 적멸보궁 형태로 바꾸고 법당 뒤에 탑을 세워 진신 사리를 봉안했다.

왜 하필 108과의 사리가 나왔을까. 이처럼 많은 사리가 발견된 것은 우연히 아니라 꼭 알리고자 하는 뜻이 담긴 것 같다. 생각을 해보니 염주 알도 108개이고 절을 찾는 신도들도 108배의 절을 올린다. 보통 사람들이 사찰에 들면 백팔번뇌를 씻는다고 한다. 그래서 유일하게 다솔사가 8대 적멸보궁에 들어간다. 이곳에서 발견된 108과의 부처님 사리가 무엇을 말해주는지, 이 시대를 살아가는 우리가 되짚어봐야 할 몫이다.

진신사리탑을 친견하려면 먼저 깨끗한 청정수로 손을 세 번 이상 씻고 배알하라는 문구를 붙여 놓았다. 나는 손을 몇 번이나 헹구고 나서 두 손을 합장하고 탑을 돌았다. 사리탑을 찾은 사람들이 저마다의 소원을 적은 노란 소원지를 사리탑 둘레에 달아두었다. 봉명산 줄기를 타고 내려온 바람이 소원지에 닿는다. 작은 바람을 받은 소원지가 춤을 춘다. 팔랑이는 실바람이 사리탑 뒤에 있는 차나무밭에 가 닿는다. 푸른 찻잎이 한들거린다.

사리탑을 돌아 내려오니 요사채 방문 위에 죽로지실竹露之室이란 글귀가 붙었다. 다솔사라 하면 죽로차로 잘 알려져 있다. 죽로란 대나무밭 주변에 차나무가 자라는데 대나무 잎에 맺힌 이슬이 찻잎으로 떨어져, 그 이슬을 머금고 자란 찻잎이 우려낸 차라는 뜻이다. 효당 스님이 손수 다솔사 뒤에 차밭을 조성하여 반야로란 명차를 제다製茶 하여 우리나라 차 문화 보급에 선구적 역할을 한 사찰이다.

다솔사는 역사의 흐름을 간직한 사찰이기도 하다. 옛 성인들이 남기고 간 흔적들이 다양하다. 자장법사, 의상대사, 신라 말기 스님인 풍수지리가인 도선국사가 주석하였고, 신라의 학자 최치원 선생이 머물렀으며, 나옹선사도 거처하셨다 한다. 이처럼 역사에서 빛나는 성인들이 머무른 절이다.

낮은 지붕 아래 낡은 방문이 발길을 잡는다. 안심료安心寮이다 일본 강점기에 만해 선생과 김범부 선생이 중심이 되어 독립운동을 한 거점이었다. 앞마당에는 김범부 선생이 만해 선생의 회갑 선물로 심은 황금 측백나무 세 그루가 꿋꿋하다. 굽히지 않는 푸른 충절을 지닌 만해 선생을 닮은 것 같다. 스님이면서 독립투사였고 항일 투사이기도 한 만해 선생이 이곳 안심료에서 독립선언서 초안을 작성하였다 한다. 겨레를 지키기 위해 끈질긴 정신을 발휘한 곳이다. 만해 선생은 서울에서 이곳으로 옮겨와서 독립운동을 활발히 펼쳤다. 어쩌면 당시 독립투사들께서 다솔사 부처님의 원력에 힘을 얻어 큰일을 도모하지 않았을까.

안심료는 독립운동만이 아니라 현대문학의 명작으로 남은 김동리 선생 단편소설 《등신불》을 집필한 산실이기도 하다. 소나무와 삼나무가 우거진 고요한 산사의 길 걸을수록 생각이 깊어진다. 동리 선생은 이 길을 오르내리면서 나무가 내뿜는 피톤치드를 맡으며 등신불을 구상하셨을까. 아침저녁으로 적멸보궁에 기도를 올리며 민초들의 서러운 삶을 등신불로 그려냈을 터다. 사리탑을 모신 지하에서는 촛불이 타오르고 있다. 촛불을 보는 순간 불에 몸이 절반쯤 타서 오그라든 등신불이 나오는 듯하다.

길가 바위에다 '어금혈 봉표御禁穴 封表'라는 글귀가 빨간색으로 음각해 놓았다. 제작연대도 뚜렷하다. 청나라 연호인 광서 11년 을유년 구월이라고 적혀 있다. 1885년 을유년을 뜻한다. 봉명산 다솔사 주변에 명당 터가 많아 세도가들이 욕심을 내어 묘를 쓰는 폐단을 막고자 어명으로 세운 표식이다. 그보다도 세종과 단종의 태실지가 인근에 있어 더 엄한 어명이 내려지지 않았나 싶다. 봉표를 세운 이후로는 사찰 인근에는 어떤 사람도 묘를 쓸 수 없었다고 한다. 이런 점을 보면 다솔사는 임금이 지킨 사찰이라 볼 수 있겠다.

서편으로 기우는 햇살이 옛 성인들의 혼인 양 빛을 발한다. 유월의 긴 해조차도 성인들의 혼을 위로하듯 다솔사를 조금이라도 더 비춰주려고 고갯마루에 턱을 괬다. 먼 거리의 하루 여행이라 아쉬움이 많지만, 내일을 위해 발길을 돌린다.

돌아갈 수는 없어도 돌아볼 수는 있다

촉광 낮은 등을 켜놓고 설핏 잠이 들었다. 꿈결처럼 들려오는 찌르찌르하는 단음에 잠에서 깨어났다. 사방을 두리번거리니 거실 문틈에서 귀뚜라미가 발성 연습을 하는 중이다. 가을이 오고 있다는 알림이다. 가을은 닥치는데 한 여자에게는 쌓아놓은 물질도 없고 붙잡아 둔 권위도 없다. 지닌 것이라곤 지나온 기억뿐이다. 씁쓸함에 손으로 쓰다듬어 보는 그 여자의 이마에서도 가을이 읽힌다.

시간이 갈수록 목청을 돋우는 귀뚜라미 소리가 왜 이렇게 심장을 파고들까. 인생의 가을과 계절의 가을을 맞는 시점이라서 더욱 가슴 깊숙이 스며드는 것인가. 벌떡 일어나 창문을 열고 고개를 내미니 어릴 때 맡은 그 가을 냄새가 풍기는 듯하다. 서늘한 공기가 얼굴에 와 닿는다. 희뿌연 달도 외로운지 뒷걸음을 쳐서 창문 위에 머문다.

갈래머리를 하고 다닐 때만 해도 사계절 중에서 가을을 가장 좋아했다. 탐스럽게 익은 빨간 사과가 좋았고, 노란 은행잎과 핏빛으로 물든 단풍잎들이 바람에 떨어지는 것만 봐도 주르륵 눈물이 나왔다. 값 달라 하지 않고 내 주위에서 소리 없이 펼쳐지는 계절의 탈바꿈. 내 눈에 걸린 푸른 하늘 한 조각에도 마음이 기꺼워 시를 읊어댔다. 한 입 크게 베어버린 복숭아 같은 반달만 봐도 가슴이 설레었다.

그러나 인생의 가을을 맞는 지금은, 사춘기 때 놀러 갔다 늦게 와서 부모님께 호된 꾸지람을 맞을 때처럼 기분이 씁쓸하다. 이럴 때마다 내 잔뼈가 굵은 곳으로 돌아가고 싶다. 가을을 마냥 좋아하던 과거로 되돌아가고 싶다.

눈을 감으면 그때의 풍경이 환하게 전개된다. 산자락에 기댄 마을, 집 앞에 나서면 너른 들판이 끝도 없이 펼쳐진다. 새벽닭이 울고 조금 있으면 새들이 밤새 잔 자리를 털고 일어나는 소리에, 집을 지켰던 개들도 꼬리를 흔들면서 연거푸 하품을 하며 일어선다. 그와 동시에 지붕에 앉은 이슬을 밀치면서 높고 낮은 집들이 잠에서 깨어난다.

토함산 꼭대기로부터 해가 떠오른다. 산 능선을 비추는 햇살에 마을 사람들이 부스럭거리기 시작한다. 연세 지극하신 사랑

어른들은 볏짚으로 엮은 망태를 메고 밤새 개들이 배설해 놓은 개똥을 주우러 나가고, 허연 베옷을 입은 장정들은 넓은 들녘으로 나가 학처럼 군데군데 엎드리고, 아낙들은 밥을 짓느라 골목마다 연기가 퍼져 오른다. 이슬이 마르기를 기다린 들녘에는 방아깨비와 메뚜기들이 교미하기에 바쁘다. 살이 통통하게 찐 암놈 메뚜기는 작고 깡마른 수놈 메뚜기를 아기처럼 등에 업고 푸드덕거린다. 벼가 영글어가는 초가을의 들판에는 구수한 찐쌀 내음이 자동으로 콧구멍을 벌름거리게 만든다. 하늘은 끝 간 데 없이 높다. 눈이 시리도록 청명하다. 파란 하늘에 이따금 흰 구름이 그림을 그려대는 농촌 마을은 분주하면서도 평화롭다.

산자락엔 억새들이 무리 지어 피었고 강둑마다 갈대들이 너울댄다. 갈대들은 바람이 불면 몸을 서로 의지하여 낭창하게 흔들거린다. 바람결 따라 함께 자지러졌다가는 이내 잣바듬하게 일어나기를 반복하면서 파도타기 춤을 즐긴다.

맑은 물이 흐르는 강을 끼고 양쪽으로 논밭들이 늘어졌다. 대부분 논은 강 건너편에 있었고, 밭은 논의 반대편에 있었다. 논은 호수처럼 넓으면서 둥글고 어떤 것은 기찻길처럼 길었다. 밭은 마을 뒤쪽의 구석진 곳에도 있었으며 어떤 밭은 세모꼴이었고 어떤 밭은 갈치처럼 폭이 좁은 것도 더러 있었다. 밭둑에는 버드나무와 오동나무들이 즐비하게 늘어서서 저마다의 키를 뽐냈다. 골목으로 들어서면 울타리를 사이에 두고 핀 국화꽃이 향기를 내뿜었다. 아이들의 웃음과 울음소리가 국화 향기와 함께 골목골목을 날아다녔다.

아직도 귀뚜라미가 울고 있다. 아마 밤을 지새울 모양이다. 나 역시 내가 태어나 자란 곳을 좇느라 이 밤이 기운다. 거기는 천년의 고도이다. 박물관에 먼저 들렀다. 금관, 금띠, 금칼, 금수저, 금귀고리, 은수저, 토기, 토우 등 여러 고품들을 만난다. 그중에서 웃으며 맞아주는 한 분이 있으리라. 그분은 수막새다. 수막새는 웃으며 반갑게 인사를 하고는 나를 붙잡고 하소연할지도 몰라. 어쩌면 그는 자신의 다복했던 과거를 회고하면서 시 한 수를 읊을지도. 내가 정형시를 좋아하는 것을 눈치 채고 말이다.

"너와 나의 그 사랑은 오로지 미소였다. 너에게 보낼 웃음 아직도 남았는데, 비바람 없는 유리관 속에서 상처만 깊어간다."

'본인이 있을 곳은 이 유리관 속이 아니고 비가 오면 비에 씻기고 눈이 오면 눈을 덮어쓰고 바람이 불면 바람을 맞아가며 여느 골기와 지붕 끝에서 미소를 날려야 한다고. 아담한 지붕 끝에서 귓속말 나눌 수 있는 필부匹夫를 만나 필부匹婦로 조용히 살고 싶다면서' 원위치로 보내 달라고 내 옷소매를 두 손으로 꽉 잡을지도 알 수 없다. '떨어져 나간 반쪽 얼굴을 어디에서 찾을까.' 하며 제발 좀 찾아 달라고 구원을 해올지도…….

사정은 딱하지만 이렇게 답을 하리라. "뭣이라도 찾는 데는 영 소질이 없어 젬병이야. 그만한 능력이나 위치에 있지 않아. 내가 해줄 수 있는 게 아무것도 없어." 그러면서 단지 내 사정을 설명한다고 진땀을 흘릴지도 모르겠다. 그러면 그는 실망하고 말리라.

하지만 나대로 할 말이 있다. 세상만사 다 잊고 맘껏 즐기려고 왔는데, 박물관부터 온 게 내 착오라며 발길을 다른 데로 돌릴 거야. 슬슬 토함산 정상에 올라 저 멀리 동해바다를 바라보겠지. 크고 작은 어선들이 만선에 겨워 콧노래를 흥얼거리며 어부들이 모여드는 갯가 마을. 어느 맛집을 찾아들어 상 위에 오른 생선 살점을 집어서 입으로 마구 넣으며 포식을 하리라. 그렇게 포식한 살점이 어쩌면 바다를 전답 삼아 살아온 먼 먼 갯가 사람들의 살점인지도 몰라. 아니면 바다 일을 하면서 아무렇게나 버린 배설물들을 삼킨 고기, 그 고기가 낳은 알, 그 알에서 부화한 고기의 살, 오래된 그분들의 배설물을 달게 먹은 것일까.

생각은 꼬리를 물고 끝없이 이어진다. 그래서 우리의 삶은 불멸의 무한한 세계로 이어지는 것인지도 모른다.

덧없이 흘러버린 연둣빛 시간, 돌아갈 수는 없어도 돌아볼 수는 있다. 밤 내내 돌아본 뒤 몸을 방바닥에 붙이고 마음을 가라앉힌다. 아무것도 아닌 것 같으면서도 생각이 날 때마다 내 마음을 초록으로 물들게 한다.

사람의 몸은 생각을 갈무리하는 저장고다. 생각이 아니면 소리를 내지 못하고 생각이 없으면 감정이 있을 수 없다. 그러므로 누구나 목숨이 있는 동안 감정에 부대끼며 살아가고 있는 것인가.

우리의 몸은 감정으로 뭉쳐진 것이라서 그런지, 닿을 수 없음에도 닿고 싶고 돌아갈 수 없음에도 돌아가고 싶다. 이렇듯 풋내와 싱그러운 내 푸른 기억은 말랑말랑하면서도 달콤하게 숙성된 팥양갱과 같은 것.

시들어가는 꽃에도 스무 살 전후의 푸름은 뇌리에 그대로 남아 아직 생생하게 꿈틀거리고 있다. 내 기억 속에 가장 깊숙이 각인되어 있는 그림이기도 하다. 그 그림을 좀체 지우지 못할 것이다. 아니, 생을 마치는 날까지 비좁은 내 기억의 하드디스크에 보관하게 될지도…….

깊었던 밤이 점점 엷어져 간다. 창문 너머 하늘에 뜬 달이 졸리는지 서쪽으로 기울어 구름을 이불처럼 반쯤 덮고 있다. 별들도 밤새 섬세한 빛을 발하다 지쳤는지 하나 둘 쓰러지고 먼동이 터온다.

발자국

간밤에 눈이 내렸다. 창문을 열어보니 바깥은 옥양목을 펼쳐 놓은 듯 눈이 부시다. 이른 아침인데 누가 벌써 발자국을 자박자박 찍어 놓았다. 세상을 살다 보면 지워버리고 싶은 자국도 있지만, 내게는 투명한 서명처럼 지워지지 않는 자국이 남아 있다.

내가 어릴 땐 경주 남산 자락의 시골 마을은 눈이 자주 내렸다. 자고 일어나면 밤새 도둑눈이 수북이 쌓여 있었다. 그런 날이면 학교에 도착하기도 전에 손과 발이 시려 왔다. 초등학교 저학년 때는 고무신에 버선을 신고 다녔다. 그때만 해도 시골에서는 운동화 보기가 어려웠다. 고학년이 되어서야 더러 운동화를 볼 수 있었다.

지금같이 시멘트로 포장된 길이 아니었다. 눈이 많이 내린

날 들길을 걸어 학교에 갈 때면 어떤 곳은 푹 내려가고 어떤 곳은 쑥 올라왔다. 그런 곳에 발이 빠지면 버선이 젖기 다반사였다. 언니는 앞서 가다가 뒤돌아보며 발이 시리냐고 물었다. 나는 고개만 끄덕끄덕했다. 언니는 발자국을 밟고 따라오라며 발을 디뎌서 좌우로 흔들어 발자국을 더 넓게 내며 걸어갔다. 내 발이 젖지 않게 발자국을 찍어 주었다. 나는 언니가 밟고 간 자국을 따라 걸었다. 어떨 때는 언니의 고무신이 바깥쪽부터 닳아 발자국도 바깥쪽으로 삐딱하게 찍혔다. 자연히 나도 삐딱하게 디뎌졌다. 아무리 용을 써도 눈이 발목까지 푹푹 묻혀 십 리가 되는 들길을 반쯤 가면 고무신과 버선이 젖지 않을 수 없었다. 학교 교문쯤에 다다르면 언니는 책 보따리 끝으로 내 버선을 털고 닦아 주었다.

그때 나는 언니의 발을 보려는 생각조차 하지 못했다. 언니는 몇 살 위였지만, 한 스무 살을 더 먹은 어른 같았다. 당시에는 언니들은 원래 다 그런 줄 알았다. 꼭 그래야 하는 것처럼 그 배려를 당연한 임무인 양 여겼다. 나는 춥다고 턱을 덜덜 떨어가며 어리광까지 부려댔다.

지금도 눈을 감으면 하얀 들판이 스케치 된다. 삶에 찌꺼기를 청소라도 한 듯 티 하나 없는 순백의 세계였다. 아무도 지나가지 않은 들길을 문신처럼 자국을 꼭꼭 찍으며 걷는 언니가 새벽의 여신이 아니었을까. 그때 이른 아침 까치도 은빛의 분위기에 취했는지, 우리 자매의 머리 위로 깍깍거리며 유성처럼 날아가고 있었다.

결혼해서도 언니와 같은 도시에서 살게 되었다. 그것도 가까운 거리였다. 언니는 도시에 살았지만, 철 따라 채소를 길렀다. 반찬이 없으면 시장으로 가지 않고 언니 집으로 갔다. 반찬이 없다고 말하지 않아도 내 속이 유리같이 훤히 보이는지 갈 때마다 찬거리를 챙겨 주었다.

그런 언니의 배려도 아랑곳없이 나에게 주어진 삶은 화창하지만은 않았다. 임신을 하지 못해 몸부림칠 때였다. 결혼을 하고 나서 칠팔 년을 기다리고 기다렸건만 아무런 변화가 없어 물물이 앞이 캄캄했다. 마음 둘 곳이 없어 언니를 찾아가 신을 원망하기도 하고 세상이 싫다고 푸념을 늘어놓았다. 언니가 마음 아파하는 거기까지 미치지 못한 자발없던 나였다.

하루는 나를 보고 이러다가 병이 나도 큰 병이 날 것이고, 정신조차 온전치 못할까봐 무슨 수를 내야겠다고 하였다. 언니는 재잘대던 아이들을 바깥으로 쫓아버렸다. 건넛방에 세든 사람들이 들을까 봐 도둑질 모의를 하는 것처럼, 문이란 문은 다 닫아걸고는 속삭이듯 말을 꺼냈다. 언니는 아이 하나를 낳아 주면 기르겠느냐고 했다. 나는 무어라고 대답을 하지 못하고 멍해졌다. 그 순간, 심장이 멈추어지는 것 같더니 몸뚱어리가 짚동만 해져서 공중으로 둥둥 떠다가 어느새 콩알만 하게 되어 땅바닥에 딱 붙어버리는 것 같았다. 정신이 혼미하여 구석에 비스듬히 세워둔 왕골자리가 넘어가듯 방바닥에 스르르 넘어졌다. 언니는 점심을 먹자며 나를 일으켜 앉혔다. 나는 점심이고 뭐고 그 순간에 지구를 벗어나고 싶었다.

집으로 돌아오는 길이 몇 시간이 걸렸는지 아직도 모른다. 시간적 개념과 숨을 쉬고 있다는 개념조차도 잊어버리기는 아마 그날이 처음이었지 싶다. 언니의 사고思考를 생각해 보면 한편 고맙기도 하고 내가 왜 이 세상에 나왔을까 싶었다. 눈 온 뒷날 초가지붕 끝에 낙숫물이 떨어지듯 물방울이 멈추지 않고 볼을 타고 흘러 입안으로 스며들었다. 입술로 입을 다물면 간수같이 짭조름했다.

그쯤 언니는 아이 넷을 두었고 마흔을 바라보는 나이였다. 아마 세상에는 내 언니같이 나를 위해 주는 사람도 드물 터이다. 초조히 걸어온 나의 뒤안길에는 언니가 있었다. 달빛이 아무리 밝아도 무게를 달 수 없듯이, 언니의 마음을 무엇으로 무게를 달고 자로 잴 수 있을까. 그때는 다직해야 소리 내어 울지 않으면 다행으로 여겼다. 물심양면으로 보살펴 준 우애를 바탕으로 희망을 잃지 않았기에 늦게나마 자식을 낳았는지도 모른다.

돌아보면 언니는 지순한 마음을 내게 보여 주었다. 그것은 먹을 갈아 힘 있게 쓴 붓글씨도 아니며, 손쉬운 펜으로 쓴 날림체도 아니다. 그렇다고 목청 높여 왁자하게 가르친 것도 아니다. 언니를 보면서 형제간에 어떠해야 하는가를 어렴풋하게나마 짐작이 갔다. 내 삶의 지침서에는 오래전에 언니가 찍어 준 발자국이 선명하게 남아 있다.

탄생하고 존재하고 소멸하는 데는 자연만 한 것이 없다. 간밤의 구름이 혹독한 정사를 하여 새겨진 발자국을 보면서 마음 한구석이 짠하다. 여태 언니에게 그때 그래 줘서 고마웠다고 말을 한 적이 없다. 현재는 이마에 주름을 엮고 있어도 추억만은 단발머리 두 소녀가 까만 책보를 허리에 매고 하얀 입김을 내뿜으며 눈길을 걷는 모습에 정지되어있다. 자연은 기억을 되살리게 하고 기억은 나를 돌아보게 한다. 하얀 눈 위로 갸름한 발 도장을 찍던 들길이 환하다.

눈이 소복이 쌓이는 아침, 동심으로 돌아가 고무신에 버선발로 걸어보고 싶다. 이제라도 언니와 둘이서 아무도 지나가지 않은 눈길을 걷고 싶다. 그때는 내가 뒤에서 걸었지만, 이제는 내가 앞장을 서고 싶다.

그러면 내 맘에서 가장 아리면서도 아름다운 동행 길 하나 되돌릴 수 있으려나.

소리못

고즈넉한 외진 곳에 둥그런 못이 자리 잡았다. 못은 마을 사람들이 살아가는 삶의 소리를 다 담고 있다. 오랜 시간이 지났어도 인간 세간의 소리를 간직해서인지, 비가 오는 날이면 지금도 휘휘 소리가 난다.

이 못은 소리의 성지였다. 신라 때엔 못둑에 올라서면 봉덕사 종소리가 들린다 하여 소리못이란 이름이 붙었다. 에밀레종을 만들 때 전설이 깃들어서일까. 여운이 담긴 종소리가 끊어질 듯 이어질 듯 서늘하게 들려왔다고 했다. 옛 어른들은 은은한 맥놀이가 못으로 울려 퍼질 때면 하던 일을 멈추고 두 손을 합장했다고 한다.

소리못은 종소리만 담은 게 아니라, 가뭄이 들면 농업용수를 제공해 주어 농사의 원천이 되기도 한다. 옛사람들은 물 흐르는 위치에 따라 동네를 형성하고 살아왔던 것이 아닐까 싶다. 자연의 이치와 자연의 소리에 존엄성을 새겼던 것일까. 못은 새벽에 닭이 홰치는 소리부터 담기 시작하여 어미 소가 본능적으로 새끼를 찾는 울음도 담았을 게다. 개구쟁이 아이들 떠드는 소리와, 밤이면 남녀 청춘들이 사람들의 눈을 피해 못둑을 거닐며 속삭이는 정담도 잠잠히 흡수했으리라. 못가에서 빨래하는 방망이 소리, 건넛마을 여인들이 풀 먹인 베옷을 손질할 때 두드리는 다듬이 소리도 흥겹게 보듬었으리라. 저물녘엔 술에 취한 촌부들이 유행가를 흥얼거리며 휘청휘청 걷다가 바지 단추를 열고 방뇨하는 소리며, 이 마을 저 마을의 개 짖는 소리까지 다 머금었을 못이다.

그뿐인가. 봄이면 뻐꾸기 노랫소리, 선비 같은 학들이 너른 들판을 노닐다가 저물녘에 소나무 우듬지에 귀소歸巢 하는 소리, 여름이면 매미들이 짝을 찾는 구애 소리도 차곡차곡 쟁였으리라. 어떤 날엔 천둥소리에 놀란 하늘이 장대비를 질정 없이 퍼붓는 그 요란함도 함께. 인간의 소리와 자연의 소리를 다 품었으니 어찌 못에서 소리가 새어 나오지 않겠는가.

소리 못엔 한 여인의 한숨 소리도 묻혀 있다. 오래전 시누는 이 마을에서 아들딸을 낳고 살았다. 소박했으나 행복했다. 단란하던 생활은 길게 가지 않았다. 사 남매의 올망졸망한 재롱

이 시작될 때 시매부가 몹쓸 병에 걸렸다. 시누의 마음은 가뭄 논에 벼가 말라가듯이 타들어 갔다. 갖은 정성과 간절한 기도에도 불구하고, 시매부는 사과 꽃이 필 무렵 이승의 연을 마쳤다.

그때는 모진 병에 걸리면 매장을 하지 않던 풍습이 있었다. 화장해도 화장터에 가는 게 아니라 소리 못둑에서 치렀다. 시매부도 예외일 수가 없었다. 아침에 시작된 장례식은 헤어지기 싫어서인지, 해 질 녘까지 이어졌다. 타오르는 불 앞에 시누는 그만 넋을 잃고 말았다. 장작불은 넋이 나간 사람의 마음도 아랑곳하지 않고, 화려한 빛을 뿜으면서 알 수 없는 장단을 치다가 차차 휘모리장단으로 바뀌어 물 위로 너울너울 춤을 추었다.

그날 이후 시누는 시시로 소리못을 찾았다. 물을 바라보며 혼을 놓았다가 되돌아오기를 거듭했다. 남편을 잃은 흐느낌은 물 위로 흩어졌다가, 지남철에 끌리는 쇳가루처럼 울음 하나하나는 못 안으로 빨려들어갔다. 물은 시누의 마음을 닮기라도 한 듯 푸르게 멍들어갔다.

지금도 추적추적 비가 내리는 날 못 둑에 서면 휘파람 끝자락처럼 '휘휘이익' 소리가 난다. 떨리는 저 소리는 동네 사람이 낸 갖은 소리가 꽉 차서 더는 저장할 공간이 없어 흘러나오는 걸까. 아니면 그 옛날 장작 타는 소리가 스몄다가 물 위로 조금씩 터져 나오는 것인지도…….

마주 보이는 산엔 잡목들이 싱싱하다. 봄 산이 물빛을 닮아오고 있다. 나지막하게 겹쳐진 산들이 꽃잎처럼 펴져 못을 에워쌌다. 산 그림자들이 물에 비친다. 그림자 위로 소박한 사람들의 삶이 대비된다.

소리못엔 자손 대대로 이 동네를 지켜온 토박이들의 소리가 쟁여져 있다. 부풀리지도 축소하지도 않은 농촌의 질펀한 소리. 일정한 패턴 없이 시나브로 나는 소리, 소리는 사라지는 게 아니라 남은 사람들과 소통하는 언어다. 물소리를 듣고 땅과 소통하고 바람 소리를 듣고 기후와 소통한다.

한 철학자는 소리를 듣고 그 사람과의 소통을 한다고 했다. 하하하 하는 웃음에는 자신을 낮추는 겸손과 제자리를 지킨다는 의미가 들어있고, 호호호 웃는 소리에는 기쁨을 함께 나누자는 뜻이라고 한다. 해해해 하는 웃음은 오해로 생긴 응어리를 풀고 용서하자는 마음이 담겼으며, 허허허 하는 웃음 속엔 마음을 비우고 정화하겠다는 의미라고 말했다. 이렇듯 각각의 웃음소리에도 소통의 뜻이 내재되었다고 덧붙였다.

그렇다면 소리못은 물빛으로 기쁨과 슬픔의 감정을 나타내지 않았으랴. 기쁜 소리를 들을 때면 물빛이 한층 더 푸르렀을

테고, 슬픈 소리를 듣고는 검푸른 빛을 내었을 게다. 신나는 풍악 소리를 들으면 흥에 겨워 물이 넘실넘실 어깨춤을 추었을 것이며, 화내는 소리를 들으면 물들이 출렁거려 못둑을 마구 후려쳤지 싶다.

천지는 한순간도 그대로 있지 않고 시시각각 변하는 것을. 변화하는 모든 것에는 제각각의 소리가 있다. 변화의 관점에서 본다면, 세상에서 그 어떤 것도 가만히 있는 것이 없다. 강물이 주야로 흘러가도 다 흘러가 버리지 않고, 달이 기울어져도 소멸하지 않듯이. 하기야 물체의 그 원리는 사라지거나 없어지지 않는다. 소리 역시 어디가 시작이고 어디가 끝나는 지점인지….

소리 못은 단순한 못이 아니라 자연의 소리, 인간사의 소리를 담고 사람들과 함께했다. 먼저 간 사람들의 소리가 못 바닥까지 재워져 있으리라. 식구들을 위해 오로지 한 길을 추구하느라 자신을 봉헌한 이들. 남편을 떠나보낸 젊은 여인의 희뿌연 무채색 삶. 긴 시간 앞에 사람은 가고 과거는 남는 것.

물은 푸른빛으로 일렁인다. 자연은 사람을 내치지 않고, 사람은 자연을 거스르지 못한다. 태초의 자연이 빚은 둥근 못 위로 지나는 구름도 발길을 멈추다 흘러간다.

하늘을 나는 새가 허공에 발자국을 새기지 못하듯이, 사람은 물 위에 그 무엇을 새길 수 있을까. 소리 못을 지나칠 때마다 마음 한 자락이 미량하다. 바람에 떠밀리는 물결이 한 겹 두 겹 주름살을 지어 나간다. 노을이 깔린 소리못은 높고 낮은 소리를 품은 채 불그스레 물들고 있다.

언어적 형상과 인문학적 성찰의 직조

–류현서 수필집《물미장》에 부쳐

박양근(문학평론가, 부경대 명예교수)

로그인

잘 쓴 수필의 특징이 있다. 문장이 단정하고 행간에는 정감이 넘친다. 수필 구조는 의미화와 형상화라는 두 영역이 조화를 이루고 있다. 단락은 유기적으로 짜이고 물상은 생의 의미로 해석된다. 성찰력과 감수성이 녹아있으면 금상첨화이다. 이러한 조건을 균형 있게 갖춘 수필가가 류현서 작가이다.

류현서의 문학세계에는 두 개의 아이콘이 있다. 하나는 단아한 문학성이며 다른 하나는 의미화와 형상화의 결속이다. 그녀는 가슴 아린 상처에는 화사한 언어로 이름을 붙여주고, 시선이 머무는 사물에는 정감 있는 관찰력으로 맛깔스러운 은유의 언어를 입힌다. 1930년대의 신여성과 조선시대 규방 여인의 이미지를 합친 수묵화 같은 글, 역동적인 스토리텔링, 온화한 언어는 조신하면서도 당당한 작가의 초상을 이룬다. 이러한 성숙미로 익힌 여인의 고백서가 두 번째 수필집 ≪물미장≫이다.

류현서는 경주 출신으로 화려하게 한국 수필계에 등장하였다. 2011년 대구일보 전국수필대전을 수상하면서 매년 놀라운 문학적 성취를 이루어낸다. 문학적 경력을 살펴보면 2013년 《월간문학》 시조부문 신인상, 2014년 수필집 《지워지지 않는 무늬》 상재, 2016년 시조집 《흘림체로 읽는 바다》를 발간했다. 수상 경력으로는 2012년 부산일보 신춘문예 수필부문 당선, 2016년 전북도민일보 신춘문예 수필부문 당선, 2017년 포항스틸에세이 대상, 울산산업문예축제 수상, 가람이병기시조문학상, 청림남구문학상 수상 등 발군의 실력을 발휘하고 있다. 한국 수필계가 주목하는 류현서 수필의 정체가 여기에 있다.

클릭 1. 가문 서사와 형상 소재

류현서의 가문 서사는 토함산 자락의 마을에서 시작한다. 경주를 에워싼 신령스러운 능선으로 신라인들이 불국정토를 상징하는 토함산은 작가의 문학적 공간이기도 하다. 천년 고도가 지닌 역사성과 유서 깊은 문화재는 일찍부터 작가의 감성을 키워주고 수필적 정체성에 큰 영향력을 미치고 있다.

가문과 가족에 대한 작가의 스토리텔링에는 정결한 여성서사가 고전미로 깔려있다. 종갓집의 부덕을 입성처럼 물려받으면서 작가로서의 자기성취를 꾀함으로써 생활 소재에 주목하는 창작 방향이 자연스럽게 마련되었다. 사물의 의미화는 서사구조를 고양시킨다. 유기그릇과 장독, 우물과 텃밭이 여인들의 삶을 형상화하는 소재라면 물미장, 쟁기, 지게 등은 남성의 노동과 가장의 자존심을 반영한다. 이로써 고전적 서정과 삶의 서사가 무리 없이 합쳐진다. 가재도구는 그의 문학에서 단순한 살림살이가 아니라 작가의 진지한 착상력에 의하여 삶을 엮어내는 화소로 발전한다. 그 심미적 상상의 결실이 수필집 《물미장》을 이끌어가는 원동력이다.

가문에 대한 애정을 스토리화 한 첫 작품이 〈맥놀이〉이다. 맥놀이의 유기그릇은 아낙네들의 부지런한 살림을 비쳐주면서 일가친척들을 화목한 분위기로 끌어들이는 일익을 담당한다. 유기그릇의 맥놀이가 수필 제목으로 선정된 이유도 인간애를 구현하는 소재를 찾으려는 의욕 때문이다.

> 좋은 소리는 사람을 교화하게 만든다. 종소리는 그 울림을 듣고 귀를 씻고 마음을 열라는 의미를 가졌다고 한다. 법고 소리는 들짐승을 깨우고 처마 끝에 달린 목어는 잠자는

> 모든 물고기를 깨운다. 법전 사물을 두드리는 의식은 인간과 축생과 미물에게도 자비심을 전하고자 하는 뜻이 담겼다. 번잡한 세속에서 살다가 사찰에 들렀을 때 종소리나 법고 소리를 들으면, 숙연해짐은 울림에 공명하기 때문이리라.
>
> – 〈맥놀이〉 일부

가슴을 저리게 하는 맥놀이는 에밀레종처럼 가문의 설화를 풀어낸다. 흥겹고 평화로운 집안 모임은 절창을 뽑아내는 숙모, 천자문 읽듯 노래가사를 읽는 종고모, 성주풀이를 절절이 풀어내는 고모부가 참여하면서 농경시대의 삶과 오늘의 노래방 풍경을 자연스레 연결시킨다. 가문의 평화와 번영을 잔치풍경으로 끌어올리는 류현서의 작법은 수필을 끌고 가는 수맥이다.

가문 서사는 속리산 소나무를 소재로 한 〈회탕지回宕枝〉에서 되풀이된다. 여러 뿌리가 함께 휘어져 한 그루처럼 된 나무에서 작가는 부모자식간의 끊을 수 없는 인륜을 떠올린다. 소재의 해석 차이는 개개인의 마음에서 비롯한다는 사실을 확신하는 작가는 인간의 인륜도 서로를 엮는 나무처럼 여긴다. 회탕지回宕枝를 '조건이 따르지 않는 너그러운 용서와 포용'으로 풀이하여 글 쓰는 자세에 일조한다.

〈맥놀이〉와 〈회탕지回宕枝〉가 가문사를 종합한 글이라면 주변 사물들을 가족의 일원에게 개별적으로 대입하여 풀어낸 작품들이 많다. 가족에 대한 스토리텔링은 할아버지부터 시작하는데 〈부넘기〉는 아궁이 불을 구들로 빨아들이는 돌 턱을 소재로 한다. 불기와 연기가 역류하지 않고 구들로 잘 빨려들어가도록 부넘기가 조절하듯이 집안을 무난히 이끌어가는 것이 어른의 규범이라고 말한다. "사랑채에서 기침소리의 높낮이로 가족을 이끌어가는" 분이 조부이므로 작가는 조부의 "부넘기 같은 삶의 각도"를 준엄한 가르침으로 여긴다.

집안에서 중요한 것은 부귀공명이 아니라 가족 간의 사랑이다. 작가는 '인간의 순수한 본성'으로서 질서와 순종을 가정과 사회를 지켜내는 덕목 중의 하나로 여긴다. 나아가 가족을 각자의 역할에 최선을 다하는 작은 영웅으로 간주한다. 부넘기로 조부를 기억한다면 작은할아버지에 대한 회상은 〈박다위와 조이개〉에서 펼쳐진다. 보부상들이 등짐의 균형을 잡기 위해 사용하는 박다위와 조이개는 인간사회에 적용하면 "마음이 흐트러지지' 않게 조여 주는 정신력으로 바뀐다. 물질이 풍부할지라도 진정 필요한 것은 신중한 행동이다. 중년을 넘긴 작가도 맹목적인 질주가 아니라 자애자족의 보폭이 행복을 지켜준다고 믿는다. 그래서 작가는 "칠성판을 등에 짊어질 때까지 생의 보부상"의 마음을 갖겠다고 다짐한다.

류현서 수필의 본령은 작은 사물을 포착해 내는 시학에 있다. 도시형 사물보다 복고풍을 지닌 도구를 눈여겨보는 소재의식은 〈물미장〉에서 만개한다. 수필집 제목이기도 한 물미장은 지게작대기에 박힌 뾰족한 쇠로써 부넘기와 박다위처럼 짐을 진다는 남성의 소임과 인격을 표상한다. 주인공인 아버지는 척박한 땅을 문전옥답으로 개간하기 위해 고난과 시련을 피하지 않았다.

> 아버지는 농사일밖에 몰랐다. 땀에 젖은 베적삼으로 논 갈고 밭을 갈았다. 동이 트면 아침이 되고 해가 지면 밤이 오듯, 자고새는 일이 지겹지도 않은지 우직하게 일만 하였다. 밤이면 끙끙 앓아도 날이 밝으면 들로 나가는 일벌레가 따로 없었다. 오직 땅만 아는 샌님처럼 땅 한 뙈기 늘이는 일을 최고의 기쁨으로 삼았다. 그런 아버지는 일을 놓으면 밥숟가락을 놓는 것과 같다고 여기셨는지도 모른다.
>
> – 〈물미장〉 일부

아버지는 밤낮 땅을 일구고 지게 짐을 진다. 지게를 일으켜 세울 때 땅속에 박혀 몸의 균형을 잡아주는 물미장은 가족 부양을 해야 하는 심신의 노동을 형상화한다. 모든 남자들은 가족에 대한 책임을 진다. "인생의 비탈길을 오르고 아찔하게 낭떠러지 옆을 조심스레" 걷는 아버지를 떠올릴 수밖에 없다. 아버지를 성공한 농민으로 묘사하는 데 필요한 농촌 배경, 가문의 성공과 부활, 시련의 극복, 성공 미담의 관점에서 보면 〈물미장〉은 농촌 수필의 전범일 뿐 아니라 수필집 제목이 될 문학성을 갖는다.

어머니는 자식을 낳아 가문의 대를 잇고 남편의 그늘에서 가족을 위해 희생하는 사람이다. 오랫동안 자식을 잉태하지 못하여 부담감이 컸던 류현서는 시가와 남편에게 미안함을 갖고 친정어머니도 어쩔 줄을 모른다. 이런 상황에서 친정어머니는 딸의 출산을 위해 지극정성으로 갖가지 민간 방법을 찾아낸다. 당연히 〈은장〉과 〈고로〉 등 다수의 작품에 투영된 어머니상은 '소리 없이 뜨겁게 생명을 다한' 모성 이미지를 드러낸다. 〈은장〉은 석굴암 석실을 받쳐주는 돌쩌귀를 소재로 한 점에서 불심과 모성의 실체를 절묘하게 엮고 있다.

모성 이미지는 고로로 이어진다. 제철공장의 고로는 쇠를 녹여 새로운 철을 만드는 중요한 시설이라는 점에서 자식을 낳고 키우는 여성의 몸과 역할이 같다. "작년에는 어머니를 여의고 어머니의 고단함을 회고하여 지면에 이름을 새겼다."라고 머리말에 적었듯이 제1회 스틸에세이 공모전에서 대상을 수상한 〈고로〉가 어머니에게 헌정한 작품이었음을 뒷받침해준다. 종갓집 종부로서 소임을 다하느라 '쇠잔해진 기운을 회복하지 못하고 돌아간 어머니가 제철공장에서 퇴역하는 고로를 지켜보면 되살아난 것이다.

> 어느 어머니인들 자식을 품고 자신을 희생하지 않겠는가. 내 어머니만은 그런 것이 아닐 테지만, 소리 없이 뜨겁게 생명을 다한 고로 앞에 숙연해진다. 벽에 걸린 어머니의 사진은 내 마음을 아는지 모르는지 묵묵히 말이 없다.
>
> – 〈고로〉 일부

희생의 극점은 모정이다. 모정의 아름다움은 “소리 없이 뜨겁게 생명을” 다하는 헌신에 있다. 물상과 가족애를 상관시키는 여타 작품도 각각의 비중을 갖는다. 출산을 함께 걱정하는 언니의 자매애를 담은 〈발자국〉, 치매에 걸린 숙모를 통해 삶과 죽음을 성찰한 〈회귀〉, 남편의 과로와 건강을 염려하는 아내의 마음을 담은 〈유좌〉, 자신의 사라진 청춘과 완숙한 인생관을 대비시킨 〈아직은 꽃이다〉 등은 작가뿐만 아니라 인간 보편의 인생을 되돌아볼 수 있는 심지를 갖고 있다.

부부간의 신뢰와 애정은 〈접쇠〉에서 완성된다. 접쇠는 견고하고 유연한 쇠를 만드는 방법으로서 성격이 다른 부부가 가정의 화목을 이루기 위해 겪는 시행착오를 은유한다. 작가는 진정한 부부애가 무엇인가를 접쇠에 체화시키고 부부간의 상호존중이라는 모랄리티를 내세운다.

남편과 살아온 긴 시간 속에는 휘어지려 할 때도 있었고 부러지려 할 때도 있었다. 그러나 우리 부부는 접쇠로 만든 칼처럼 휘어지기는 했으나 부러지지는 않았다. 여느 부부도 대부분 그렇겠지만, 부러지려 할 때마다 서로를 붙잡으며 떨어지지 않으려고 상대를 끌어당겼다. 더도 덜도 말고 접쇠같이.

— 〈접쇠〉 일부

인간의 일생은 돌이킬 수 없다. 유한한 삶 가운데에 있는 수필이라는 자성적 글쓰기는 지난 과거에서 새로운 미래를 다듬어낸다. 여성의 치맛폭처럼 넓은 작가의 인생관을 반영한 〈돌아갈 수는 없어도 돌아볼 수는 있다〉 는 작가의 수필적 자아를 완성하는 작품이다. 작가의 작품이 지닌 공통점이라면 소소한 물상에 생명을 불어넣어 주변 인물들을 부활시킨다는 것이다. 류현서 수필이 자칫 평이하게 여겨지는 기억을 담금질하여 삶의 가치를 찾아내는 서사가 되는 비법이 여기에 있다.

클릭 2. 인문학적 사유와 문학어와의 조화

문학은 상상과 체험의 교직, 관점의 내향성과 외향성간의 균형, 외적 설명과 내적 묘사간의 조화를 지향한다. 그중에서 외향적 질문은 물상간의 유기적 관계를 모색하는 인문학적 해석의 일부이다. 인문학적 해석은 다채로운 관점과 섬세한 언어 구사력을 요구한다. 그러므로 수필의 해석망은 자연과학과 사회과학과 인문과학의 상호연계로 이루어진다. 인문학 분야는 철학, 심리학, 언어학, 고고학 등 인간의 삶과 관련된 분야로 구성된다. 수필집 《물미장》이 돋보이는 이유가 있다면 이러한 인문학적 소양을 작가가 지니고 있기 때문이다.

류현서는 언어에 대한 형태론적 분석에 능숙하다. 그의 언어 해체와 분석력은 〈생生〉에서 시작한다. 작가는 '生'이란 한자를 "소 우牛가 한 [一] 길 위로 지나가는 형상"으로 풀이하면서 인간이 살아가야 할 방도를 소의 걸음에서 찾아내었다. 생生은 인간의 모든 행위를 대변하는 단어라는 점에서 어떤 문학도 피할 수 없는 행태와 화소를 지니고 있다고 하겠다.

> 생生을 문자로 풀이해 보면 소가 외나무다리를 건너는 것처럼 살아가라는 암시가 아닐까. 소가 네 발로 외나무다리를 건너려면 신중에 신중을 더해야 할 터이다. 그래서 우리 사람도 매사에 몸과 마음가짐을 가로로 놓인 다리를 걷는 자세로 임하라는 심오한 뜻이 내재되어 있는 것 같다. 그런 의미에서 날 생 生을 만들지 않았나 싶다.
>
> — 〈생生〉 일부

삶이라는 외나무다리를 건너려면 긴장의 끈을 놓아서는 안

된다. 권위와 지위도 헛발을 딛고 물거품이 빠지면 일시에 사라진다. 인간생명과 생활을 〈생生〉이라는 외자로 응축시킨 분석력은 〈내乃〉로 이어낸다. "乃"자를 "등이 굽은 할머니가 지팡이를 짚고 걸어가는 모습"으로 분해하면서 삶의 도리를 다한 노인의 인품을 되살려낸다. 사람은 노년기에도 격조 있는 자세를 지켜야 한다. 허리 굽은 노구의 모습을 스스로 걷는 자태로 재해석한 그의 의도는 내 乃자를 "삶의 희로애락을 짊어진 인생의 승리자"로 풀이한 데서 재확인된다.

〈상桑〉은 뽕나무 위에 올라가서 나팔을 부는 사람을 형상화한 수필이다. 작가는 뽕나무를 "화려하지 않으나 후덕함을 지녔고 세련되지 않으나 신비함이 깃든" 나무로 풀어낸다. 나아가 소박한 한국 전통의 두레문화와 시골인심도 뽕나무의 모양에서 찾는다. 이로써 〈생生〉과 〈내乃〉와 〈상桑〉은 작가의 언어적 감각과 분별심을 보여주는 3부작을 이룬다.

경주에서 태어나 성장한 류현서는 지금 울산에 산다. 당연히 신라 천년의 문화권에서 벗어난 적이 거의 없다. 경주의 성터와 불상과 유적지뿐만 아니라 울산의 명소는 공간애를 지니면서 서사의 배경과 인문학적 해석의 대상이 된다. 류현서의 문학 토양을 일군 작품으로는 경주의 역사성을 음미하는 〈해자〉를 들 수 있다.

역사를 이해한 오늘에야, 과거와 현재를 비교하며 성터를 거닌다. 되돌릴 수 없는 나의 사춘기 시절이 지나간 자리에 세월을 읽는 엷은 미소 한 자락 뿌리기로 한다. 순간, 바람이 훅하고 지나가며 나뭇잎과 나를 번갈아 해작거린다. 고개를 드니 바로 눈앞에 누각 구름이 일어나는 낭산과, 마주 보고 둘러쳐진 남산이 팔만 뻗으면 손에 닿을 듯하다. 지붕 없는 박물관이 된 고적지, 천연의 조화를 이룬 해자가 자신의 역사를 돌아보는지 느릿느릿 흘러간다.

– 〈해자〉 일부

류현서에게는 해자뿐만 아니라 경주 지역의 성터와 나무와 구름이 모두 박물관이다. 그것들은 출토한 유물처럼 작가에게 자신들을 역사의 일부로 적어달라고 부탁한다. 산 자와 죽은 자가 공존하는 유적지를 찾아갈 때마다 작가는 마치 당시의 현장에 선 것처럼 그때 살던 사람들의 생활을 되살려낸다. 그의 독특한 상상의 방식은 인문학적 해석이기도 하다.

유적이 작가에게는 과거와 현재를 잇는 대화법인 셈이다. 도선 국사의 일화가 숨어있는 봉황대를 다룬 〈바람의 말〉은 진실을 전달하지 않는 소문과 풍문을 경계하라는 내용이다. 〈왼손 든 부처님〉과 〈포석정지〉에서 더욱 역사적 사료와 결합한다. 〈왼손 든 부처님〉은 불국사 극락전에 안치된 아미타여래불의 수인을 지켜보며 어느 쪽에 치우치지 않은 균형 잡힌 시각을 가져야 한다는 생활방식을 강조한다. 〈포석정지〉는 우리 민족이 지닌 생명탄생과 생사회복을 기리는 토속신앙을 다룬다. 포석정지 석구를 "땅에 뜬 북두칠성"으로 풀이한 취지는 전쟁 패배의 폐허가 아니라 신라인의 구국정신을 구현한다.

문화재에 대한 작가의 관심은 인생론적 해석으로 표현된다. 예천군에 소재한 용문사의 문화재를 소개한 〈윤장대〉는 진실해지기 위해서는 "숱한 시련과 긴 참회의 시간"을 필요로 한다는 점을 제시한다. 향토애를 살필 수 있는 작품으로는 울산 대숲을 고래 형상으로 묘사한 〈푸른 고래〉가 있다. 고래가 돌아오기를 기대하는 희망과 대숲 풍광을 안내하는 두 목적이 제목에 고스란히 반영되어 있다.

> 언제부터인가 자취를 감추었던 고래가 다시 울산 앞바다에 나타나고 있다. 바다를 회귀하여 찾아오는 것은 대숲이라는 그들의 푸른 고향이 있어서가 아닐까. 댓잎들이 사락거리는 소리는 분명 고래들이 호흡하는 소리와 같은 파장을 가지고 있다. 휘휘 휘익, 대숲과 바다 고래가 서로를 부르는 음조는 울산이 지켜야 할 자연의 소리이다.
>
> — 〈푸른 고래〉 일부

태화강과 대숲이 "금방이라도 푸른 거대한 몸을 일으켜 바다로 달려갈 모습"으로 그려져 있다. 푸른 숲의 해석, 고래의 약동, 태화강의 물결, 인간과의 공생이라는 화소들은 생태주의에 관한 작가의 진지한 감흥을 전달한다.

류현서 작가는 옷과 흙의 이미지로서 삶과 죽음의 근원을 밝힌다. 생사는 인간이 아무리해도 구명할 수 없는 미궁의 질문이다. 그래도 작가는 배냇저고리와 수의로서 삶과 죽음을 이야기한다. 배냇저고리는 생명의 출발로, 수의는 생명의 종언으로 풀이하는 〈두 벌의 옷〉은 작가 특유의 폭넓은 사색력을 담아낸다.

> 배냇저고리가 생명의 창을 연다면 수의는 그 창을 닫는 옷이다. 생명이란 열기만 하고 닫을 수 없어도 안 될 것이며, 닫기만 하고 열 수 없다면 그도 안 될 일이다. 배냇저고리가 시작이고 수의는 끝맺음이다. 배냇저고리가 첫상봉相逢이라면 수의는 영결종천永訣終天이다. 첫 만남은 설레면서 반가움으로 맞고 마지막 이별은 눈물로 보낸다. 배냇저고리는 빛이 있는 세계로 나오고 수의는 빛이 없는 곳으로 들어간다.
>
> –〈두 벌의 옷〉 일부

배내와 수의의 의미를 '생명의 창을 열고 닫는다.'로 표현한 비유는 쉽게 얻을 수 있는 것이 아니다. 육신이 지닌 유한성과 언어가 지닌 무한성 사이에 감추어진 관계를 밝힐 때만 다다를 수 있는 인문학적 해석이라는 점에서 류현서 수필의 확장성이 한껏 발휘된 단락이다.

흙은 모든 생명을 지켜주는 원소이다. 동식물과 인간뿐만 아니라 무생물인 건축물과 문화재조차 흙을 떠나 존재할 수 없다. 흙은 만물에 생명을 부여하고 거두어들인다. 류현서가 "흙은 세상 모든 것의 어미"라고 풀이해낼 때 자신도 "흙이 지니고 있는 정적인 모성"의 일부임을 인정한다. 자신의 정체성을 숙고할수록 그녀는 자신이 흙으로 이루어진 땅임을 자각한다. 곧 그녀에게 흙은 흙이 아니다.

> 흙은 말이 없는 스승이다. 뒤늦게 겨우 깨달은 부분이나마 받아들여 숙지해야겠다. 곱다고 혹하지 않고 거칠다고 배척해 버리지 않는 너그러운 포옹. 내 마음 밭에도 넓고 깊게 밑거름을 받아들여 성숙해지면 좋으련만…. 아는 것보다 모르는 게 많으니…. 내게 주어지는 일마다 최대한 성실해지자. 너그러워지자. 하기야 이 마음마저 하루 이틀 지나다 겨처럼 까불어 날려버리지나 않을는지.
>
> – 〈흙〉 일부

작가는 생명을 주고 거두는 흙을 "말이 없는 스승"으로 일컫는다. 이런 표현은 작가의 포용력과 수용력을 키워주는 정신적 깨침이 된다. 류현서의 수필은 대부분 흙에 대한 순수하고 맑은 경배로 이루어져 있다고 말할 수 있다. 문학성이 작품을 배양시키는 자양분이라면 작가의 시선을 남다르게 만드는 것은 감수성이다. 류현서가 수필을 발표할 때마다 남다른 인정을 받는 이유도 항상 사물의 근원성을 지향하기 때문일 것이다.

류현서의 상상에는 경계선이 없다. 늘 인식의 지평과 감성의 층위를 높여가는 글을 씀으로써 작가적 재능을 확장시키고 인간에 대한 사랑을 심화시킨다. 충일한 삶과 충만한 상상이 어울려 빚어낸 도공의 항아리 같은 작품이 류현서 수필시학을 형상화한다.

로그아웃

류현서는 자신의 문학의 정체성을 '작가의 말'에서 이렇게 고백하고 선언한다. "글과 연애를 한다."고. "내 생활에서 수필을 떼 놓는다면 무의미"하다고. 인생과 물상을 연결하는 선위에 서 있는 문학인으로 살고자 하는 그에게 수필은 진실하고 대담한 작업이므로 뜨거운 창의력을 발휘한다. 오직 심혼의 글을 위한 생을 지키려는 그에게 수필은 작가의 영혼을 받쳐주는 '물미장'이면서 실존적 힘을 폭발시키는 '고로'이다. 그에게 글쓰기는 자신과의 싸움이고 언어와의 투쟁이며 사유를 위한 산책이고 원고지를 끝없이 이어가는 행진 그 자체이다. 그녀는 영감의 날개를 펴고 창공을 나는 새처럼 자유롭고 평화롭다. 그 수필 혼으로 우리들의 삶에 희망의 빗물을 뿌려주는 작가가 류현서이다.